AF345262

DE LA LIBERTÉ

DES MERS.

T. Ier.

DE L'IMPRIMERIE DE Mme Ve JEUNEHOMME,
RUE HAUTEFEUILLE, N° 20.

DE LA LIBERTÉ

DES MERS;

PAR M. DE RAYNEVAL. (Gérard)

TOME PREMIER.

A PARIS,

Chez {
TREUTTEL et WURTZ, Libraires, rue de Lille.
ARTHUS BERTRAND, Libraire, rue Hautefeuille.
DELAUNAY, Libraire, Palais-Royal.

1811.

AVANT-PROPOS.

En traitant de la liberté de la mer, j'ai évité, autant qu'il a dépendu de moi, les écueils dont la pratique et les opinions particulières environnent cette importante question : j'ai mis à l'écart la politique versatile et arbitraire des gouvernemens, de même que les systêmes des auteurs. Je me suis renfermé dans les principes du droit de la nature et des gens, en tant qu'ils concernent l'océan.

Ce vaste élément qui entoure, et, par ses ramifications, divise le continent, est libre ; la jouissance en appartient à tous ; il est la propriété du genre humain. Tel est, sans contredit, le premier sentiment qu'inspire son aspect ; mais tout le monde n'approfondit pas l'origine, la nature, l'étendue, les effets de cette liberté ; on l'affirme autant par instinct, par habitude, que par conviction : or c'est cette conviction que je me suis proposé d'établir ; et je me suis laissé d'autant plus facilement entraîner par cette idée, qu'aucun auteur français, que je sache, n'a entrepris de développer un point aussi important du droit des nations, et auquel la France, comme puissance maritime et commerciale, a de tout temps été si essentiellement intéressée ; ils l'ont abandonné à des écrivains étrangers, qui l'ont traité avec plus ou moins d'étendue, et plus ou moins de partialité (1).

Une autre considération a fixé ma résolution. En consultant l'Histoire Ancienne, je n'ai découvert aucune trace de la jurisprudence moderne concernant la mer en temps de guerre.

(1) Toutefois, je crois devoir distinguer, entre autres, l'ouvrage de M. *Lamprédi*, dont nous devons la traduction à M. *Peuchet* ; le titre est : *du Commerce des Neutres en temps de guerre.*

M. *Peuchet* a ajouté à sa traduction plusieurs articles importans, et qui complettent la notice des traités de commerce qui se trouvent dans l'original.

Les Égyptiens, les Phéniciens, les Carthaginois, les Grecs, les Romains, en un mot, tous les peuples voisins de la mer faisaient plus ou moins le commerce maritime, et entretenaient des flottes pour la guerre : cependant il n'est question ni de corsaires, ni de réglemens, ni de visites, ni de confiscation à l'égard des neutres ; et lorsqu'il s'agissait de l'empire des mers, cela ne signifiait autre chose sinon la supériorité du nombre des vaisseaux que tel ou tel peuple était en état d'équiper, et surtout l'étendue et la prospérité de son commerce. C'est ainsi que Tyr, Corinthe, Carthage, Alexandrie, Rhodes, les Romains étaient censés avoir successivement l'empire maritime (1). Les mers, sous le rapport du commerce, n'étaient infestées, troublées que par des pirates ; et on les poursuivait à ou-

---

(1) L'histoire et le caractère de cet empire ont été parfaitement développés par M. *Malouet.*

a.

trance : il n'est personne qui ne connaisse les succès qu'obtint contre ces *écumeurs de mer* le Grand Pompée. Les Empereurs Romains prétendaient si peu avoir le domaine de la mer, qu'Antonin, dans sa réponse à la requête d'un certain Eudœmon de Nicomède, dit : *Ego* quidem *mundi Dominus ; lex autem maris lege Rhodiâ quæ in rebus nauticis præscripta est, judicetur, quatenus nullæ nostrarum legum adversetur. Hoc idem Divus quoque Augustus judicavit.*(1) Rhodes, dont le commerce était très-étendu, avait fait un réglement concernant la sûreté des mers, nommément contre les pirates, et Eudœmon se plaignait des violences qu'il avait éprouvées dans les parages des îles Cyclades.

On ne connaît pas l'époque précise où la jurisprudence maritime des An-

---

(1) *Voyez* Bynkershoek, *ad legem IX, D. de lege Rhodia,* ch. 1, et 11.

(v)

ciens fut altérée : sans doute elle suivait la marche ordinaire , c'est - à - dire , la versalitité de toutes les institutions humaines, qui ont la même direction que les mœurs. Le premier monument que nous ayons à cet égard, est l'espèce de code connu sous le nom de *Consolato dell Mare*. Mais, malgré les recherches d'un écrivain très - instruit (1), on ne peut en déterminer, ni l'auteur, ni la date, ni l'autorité; on l'attribue à Pise ou à Barcelone. Quoi qu'il en soit , il est positif que cet antique recueil ne fait loi nulle part, et qu'il n'est cité, de même que les écrivains qui ont adopté sa doctrine, tels qu'*Albéricus , Gentilis, Bynkershoek, Vattel*, etc., que par les gouvernemens dont il favorise la jurisprudence; c'est par cette raison que celui d'Angleterre l'invoque avec

______

(1) M. *Boucher*, professeur à la ci-devant académie de Législation. Cet ouvrage précieux, comme monument historique, se trouve à Paris, chez Arthus *Bertrand*, rue Hautefeuille, n° 25.

complaisance. Je passe sous silence les réglemens d'Oléron.

Au reste, il est certain que la jurisprudence maritime a changé insensiblement. La mer, à mesure qu'elle satisfaisait l'avarice, le luxe, ou, si l'on aime mieux, les jouissances, et offrait un plus vaste champ pour moissonner des richesses, pour faire des conquêtes lointaines, c'est-à-dire, des usurpations, devint un des principaux objets de la politique ; on transforma cet élément en un théâtre de guerre à l'égard des neutres comme à l'égard de l'ennemi : en un mot, l'Océan, ce lien des peuples les plus éloignés, cessa d'être libre ; il fut soumis indéfiniment aux vues arbitraires des puissances maritimes ; et il aurait depuis long-temps subi toutes les révolutions qui ont si souvent changé la face du Continent, si sa mobilité ne le rendait indomptable.

Cependant il n'existe dans tout l'univers rien qui ne remonte à un principe primordial, à un principe régulateur, qui, en un mot, ne soit soumis à une législation quelconque.

L'Océan seul semble être abandonné aux caprices des nations, à l'instabilité ou à l'exagération de leurs vues, de leurs prétentions et de leur puissance. C'est cette jurisprudence arbitraire, violente, contre nature, que j'entreprends d'attaquer : mon but est d'opposer les principes, l'intérêt commun à l'intérêt personnel, à la rapacité de l'avarice, aux abus de la prépotence. Toutefois je ne me dissimule pas la force de ces abus : mais il est du moins des nuances, et ces nuances rapprochent plus ou moins les nations de l'intérêt général, qui doit être le résultat de la combinaison et de la conciliation des droits de tous, et qui est par conséquent la véritable, l'unique source de la concorde et de la bonne harmonie entre les nations.

Pour remplir la tâche que je me suis imposée, j'ai jugé devoir établir comme thèse préliminaire , la liberté des mers fondée sur la nature même de cet élément : c'est là l'objet de la première partie de mon ouvrage; et pour mettre le lecteur pleinement au fait de la question , j'ai , avant d'établir mon opinion , mis en regard deux auteurs célèbres, dont les opinions sont opposées : l'un est *Grotius*, qui a défendu la cause de la liberté; son antagoniste est *Selden*, qui s'est efforcé de l'attaquer, et n'a écrit que dans cette vue.

L'écrivain hollandais a peu développé sa doctrine, sans doute, parce qu'il la regardait comme démontrée; il y a lieu de penser que c'est le sentiment contraire qui engagea l'écrivain anglais à épuiser toute son érudition, toutes les subtilités de l'art de raisonner et d'égarer, pour établir la doctrine contraire.

Selden ne se borne pas à soutenir que la mer peut être soumise au domaine privé; il entreprend aussi d'attribuer ce domaine à son pays sur toutes les mers qui l'environnent jusqu'en Amérique, jusque sous le pôle. Le *Mare Clausum*, de *Selden*, est un monument remarquable des efforts dont est susceptible l'imagination, quand l'amour-propre, ou bien un patriotisme exagéré ou salarié l'aiguillonnent. *Selden* caressait les maximes de son gouvernement; il dédia son ouvrage au roi *Charles* Ier; et ce prince en avait tellement adopté les maximes, qu'en 1619 il chargea *Carleton*, son ambassadeur à la Haye, de porter des plaintes aux états-généraux contre l'audace de *Grotius*, pour avoir osé soutenir la liberté des mers, et de demander qu'on statuât un exemple sur lui : *et tamen, aiebat is legatus, mei infortunii exemplo terreri alios debere , ne eam sententiam tuerentur.* La doctrine de *Selden* fut aussi celle de *Cromwel* et de son parlement, et elle donna lieu à la guerre entre la république anglaise et celle des Provinces-Unies. Il s'agissait de forcer celle-ci, qui voulait demeurer indépen-

dante, de reconnaître l'empire des mers
prétendu par la première (1).

Au reste, il est naturel que les personnes remplies de leur propre opinion
regardent la doctrine de Selden et de
ses adhérens comme absurde, ou au
moins comme surannée : mais, en pareille matière, les opinions privées comptent pour peu de chose. Elle intéresse
directement les nations, parce que le
sort de la mer dépend exclusivement de
leurs conducteurs : or, ceux dont l'écrivain anglais favorise les vues, n'ont sans
doute jamais abjuré sa doctrine, quelque
erronée qu'elle soit; ils ne reconnaissent
et ne reconnaîtront jamais à cet égard
ni prescription, ni surannation : leur
puissance seule est et sera la mesure de
leurs droits, de leurs prétentions et de
leurs entreprises (2).

---

(1) *Voyez* au supplément note *zz*, page 87.

(2) Peut-on regarder la doctrine de *Selden* comme
surannée, comme abandonnée par l'Angleterre, lorsqu'on voit Guillaume III l'invoquer dans un mani-

Et qu'on ne regarde point comme exagéré ce que je viens de dire. *Grotius* n'écrivit son *Mare liberum* que pour soutenir que les Hollandais avaient le droit de fréquenter librement les mers

---

feste où il reprocha à Louis XIV d'avoir souffert que ses sujets violassent le droit de souveraineté que la couronne d'Angleterre a sur les mers britanniques. Nous avons indiqué plus haut ce qu'on comprenait sous cette fastueuse dénomination.

Et sous le règne de Charles II, un auteur anglais dit ce qui suit : « Les anciens domaines des rois d'An» gleterre étaient, en premier lieu, l'Angleterre et » toutes les mers qui l'environnent, ainsi que l'Ir» lande et toutes les îles adjacentes, même jusqu'aux » côtes de toutes les nations voisines ; et notre loi » dit : la mer est la *légéance* du roi, aussi bien que » la terre ; et pour preuve de ce domaine, tous les » vaisseaux étrangers demandaient anciennement la » permission de pêcher, et de passer dans ces mers ; » et aujourd'hui ils baissent leurs voiles à tous les » vaisseaux de guerre du roi. En conséquence de » ce domaine, les enfans nés sur ces mers (comme » cela est arrivé quelquefois), sont considérés comme » sujets naturels du roi d'Angleterre, et n'ont point » besoin de naturalisation comme ceux nés hors de » ses domaines ». — *Angliæ notitia, or the present state of England, by Edward; Chamberlayn,* 7ᵉ édit. p. 81, 1673.

de l'Inde : cependant ces mêmes Hollandais prétendaient, il y a une vingtaine d'années, interdire aux Espagnols allant aux Philippines la route par le Cap de Bonne-Espérance. Le Portugal prétendait exclure les Européens des mers d'Afrique vers les îles Bissagots; la reine d'Angleterre Élisabeth fit enlever dans la rade même de Lisbonne des navires hanséatiques, pour avoir osé passer sans sa permission au nord de l'Écosse; le doge de Venise épousait solennellement la mer Adriatique; les Génois se disaient les maîtres de la mer Ligurienne jusqu'à l'île de Corse. L'Espagne ne se serait-elle pas arrogé le domaine exclusif de la mer du Mexique, et même de celle du Sud, si elle eût eu des forces suffisantes pour s'y maintenir? Les Hollandais n'auraient-ils pas intercepté dans les Moluques la route vers la Chine? Je passe sous silence les velléités plusieurs fois manifestées pour transformer la Baltique en mer clause.

Le ton tranchant avec lequel Selden attribue à sa nation le domaine privé des mers indiquées plus haut, n'a été relevé par aucun auteur français contemporain, ni depuis. Cette circonstance m'a déterminé à analyser sa dissertation, quoique ancienne. D'ailleurs, j'ai pensé que cette matière valait plus la peine d'être discutée que le sens d'un hiéroglyphe égyptien, d'une inscription antique, d'un passage obscur de quelque poète grec ou latin, etc.

Le lecteur trouvera cette partie de mon travail dans un supplément; il me pardonnera, j'espère, la longueur de l'extrait, comme celle de mes notes. Ayant à attaquer un auteur célèbre, un avocat avoué, je devais ne rien omettre pour réduire sa doctrine à sa juste valeur; et l'impartialité m'a fait un devoir d'être d'une exactitude scrupuleuse dans l'exposé de ses moyens : *Selden* est dans les premiers rangs parmi les écrivains érudits, ingénieux et subtils.

Au reste, quel que puisse être le sentiment du gouvernement britannique à l'égard du domaine que cet auteur lui adjuge, on est forcé de convenir que c'est l'extension successive qu'il a donnée à sa jurisprudence qui a fait perdre de vue les principes relatifs à la liberté naturelle de la mer, et qui a été la cause première de toutes les altérations qu'ils ont éprouvées, comme des entraves mises à la navigation en temps de guerre. Sa position entre les mers du Nord et de l'Ouest, et l'avantage de n'avoir aucun contact continental, favorisent les mesures arbitraires que ses vues politiques, son intérêt commercial ou sa jalousie peuvent lui suggérer (1).

Les autres puissances maritimes, forcées d'imiter cet exemple, adoptent avec

---

(1) Celles que suit le cabinet britannique dans la guerre actuelle, n'ont-elles pas pour principe implicite l'*empire des mers* ? ou plutôt n'en sont-elles pas le développement ?

plus ou moins de rigueur le système indéfini des visites, des prohibitions, des
confiscations. De là, cette confusion de
principes, de procédés et de jurisprudence, ou plutôt le chaos où sont pré-
cipitées la navigation et les relations commerciales à chaque guerre maritime. Et
ce qui contribue à perpétuer ce désordre
comme les maux qui en résultent, c'est
la diversité qu'offrent les traités, leur
versatilité, les infractions arbitraires
qu'ils subissent, selon les conjonctures
où se trouvent les puissances belligérantes.

Pour se convaincre de cette vérité,
on n'a qu'à consulter tous les traités de
commerce, tant anciens que modernes,
et surtout les réglemens, les déclarations, les proclamations que chaque
guerre enfante. Ce n'est certainement
point dans ce dédale qu'on peut trouver
les principes sur lesquels sont fondés et
la liberté de la mer, et les droits appartenans aux belligérans comme aux neu-

tres. Il est même impossible d'y découvrir des traces certaines d'un droit coutumier. Je ne dis rien du droit conventionnel, parce qu'il est aussi incertain et
aussi variable que la source où on voudrait le puiser; et la pratique participe
nécessairement à tous ces inconvéniens,
car elle varie selon les systêmes de la
faiblesse et de la prépotence. D'ailleurs,
la puissance qui a une jurisprudence li-
bérale, croit devoir en changer pour ne
point seconder les vues et l'intérêt de
son ennemi. C'est ainsi que les entraves
augmentent progressivement, que le
trouble se répand sur toutes les mers,
et les transforme en un théâtre de spoliation et de brigandage : il est impossible
d'assigner une autre dénomination à un
grand nombre d'évènemens qui ont lieu
sur mer, et qu'on prétend appuyer par des
traités ou des proclamations. Au milieu
des vagues, le mal se fait sans témoins;
le plus léger soupçon, vrai ou supposé,
suffit souvent pour le justifier, et pour

faire une victime d'un navigateur innocent.

Si, dans l'état actuel des choses, la jurisprudence maritime est plus incertaine, plus embrouillée, plus arbitraire qu'elle l'ait jamais été, et s'il paraît difficile de la ramener vers sa source, c'est du moins une entreprise louable que de fixer les véritables principes, et de les dégager de l'altération qu'ils éprouvent par leur alliage avec les usages, les conventions, les circonstances, les passions des gouvernemens; car les usages peuvent être vicieux, ils peuvent avoir pour fondement une maxime erronée. Quant aux conventions, elles ne sont que des dispositions partielles émanées de la volonté des contractans, et elles ne sont que trop souvent le produit de la supériorité d'une part, et de la faiblesse de l'autre. Je passe sous silence l'influence des circonstances et des passions, parce qu'elle est indéfinie. Si l'on m'objecte qu'une pareille entreprise est oiseuse, parce que les gouvernemens n'admettront jamais d'autre guide que leur intérêt et leur force, et que c'est prêcher en vain que de leur rappeler les principes; je réponds qu'à ce compte la boussole est un instrument inutile pour un malheureux navigateur exposé à la tourmente des vents et des flots, car alors il lui est impossible d'en suivre la direction. La tourmente que cause la conduite des gouvernemens est l'effet de la violation des principes; or, c'est une raison de plus d'en conserver du moins la mémoire, de les exposer dans toute leur pureté, de les développer, parce que s'ils ne fructifient pas aujourd'hui, il peut survenir des conjonctures propres à leur donner plus ou moins d'efficacité.

Telles sont les considérations qui m'ont déterminé à écrire sur les droits maritimes en temps de guerre : c'est la seconde partie de mon ouvrage ; et, comme je l'ai remarqué plus haut, j'ai mis à l'écart les traités, les coutumes, les proclamations, la pratique : je me suis renfermé dans les principes du droit de la nature et des gens applicables à la mer. C'est là, selon moi, la source à laquelle il faut nécessairement remonter, pour pouvoir juger les droits et les procédés des nations; car le droit des gens est à cet égard ce que l'arithmétique est à la géométrie.

Sans contredit, la plupart des principes que j'expose, sont, malgré leur évidence, plus ou moins en opposition, non seulement avec la jurisprudence conventionnelle ou coutumière des gouvernemens, mais aussi avec la plupart des systêmes établis par les auteurs qui ont écrit sur cette matière. Je conviens également, qu'ils ne peuvent point servir de règle fixe et invariable à l'homme de loi chargé de la défense d'une cause maritime. Je sais qu'il doit puiser ses moyens dans le texte des conventions et d'autres actes diplomatiques, ou bien dans la

coutume : mais si les actes sont équivoques, incomplets ou muets; si la coutume est douteuse, ou s'il n'existe ni coutume, ni acte; si, enfin, le cas à décider
n'a été prévu nulle part; si les faits sont
compliqués, embarrassés, vagues, et
tellement obscurs, qu'aucune convention ne peut en déterminer le caractère
si des circonstances les aggravent, ou les
atténuent, où le jurisconsulte puisera-t-il
ses moyens? quel guide aura le juge dans
sa décision? ne seront-ils pas forcés l'un
et l'autre de remonter aux principes généraux? et où sont-ils consignés, si ce
n'est dans le code des nations, dans la
raison naturelle? Où le médecin embar-
rassé par la complication et la marche
inconnue de la maladie, cherchera-t-il
sa direction, si ce n'est dans la théorie, je
veux dire, dans les principes fondamentaux de son art? Certainement la simple
pratique, qui souvent n'est qu'une routine pour les choses usuelles, ne pourra

point l'éclairer; et si c'est là son unique ressource, le malade courra grand risque d'être victime de son empirisme.

Quant à l'homme d'état, il doit connaître les véritables fondemens de l'ordre social, et juger les choses, non d'après les faits, mais d'après leur nature, sauf les déviations que peuvent commander l'intérêt public ou d'autres conjonctures impérieuses. Sans cette méthode, comment pourra - t - il connaître les droits des états en guerre et ceux des nations neutres ? Comment pourra-t-il affirmer que telle ou telle puissance veut injustement usurper l'empire des mers, et que telle autre veut en soutenir la liberté ? L'arbitraire sera sa seule règle, et il ne sera répréhensible que par l'imprudence du gouvernement qui l'exerce.

On remarquera sûrement, que je ne cite pas d'auteurs à l'appui de ma doctrine; la raison en est que la vérité ou la fausseté des principes est en eux-mêmes , si je puis m'exprimer ainsi, et que dès que cela n'est pas, ils ne peuvent être considérés que comme des maximes ou des hypothèses, qui rentrent dans le cercle des opinions qu'on peut admettre ou contester, et sur lesquelles on peut disputer mille ans sans s'entendre et s'accorder. J'ai donc dû exposer ma doctrine sans le cortége des auteurs qui ont écrit avant moi, c'est-à-dire , sans étaler une érudition dont le lecteur n'a pas besoin pour adopter des vérités qui se présentent d'elles-mêmes à tout homme qui réfléchit, qu'aucun préjugé ne préoccupe , et qui a le courage d'analyser les principes; mais j'ai jugé devoir signaler et combattre quelques écrivains contraires à cette liberté, ou qui , du moins, en restreignent les conséquences, tels que *Bynkershoek*, *Vattel*, *Jenkinson*, etc. Si j'ai cité *Valin*, commentateur de notre ordonnance de 1681, c'est uniquement pour relever l'erreur dans laquelle il est tombé. Je passe sous silence plusieurs écrivains étrangers très-estimables, parce que là où ils s'écartent des principes que j'ai posés, ils rentrent dans les opinions des auteurs que je viens de citer.

Le lecteur remarquera aussi, que je m'attache particulièrement (1) à combattre M. *Jenkinson*, comte de Liverpool. Je m'y suis déterminé, parce que sa doctrine est celle du gouvernement britannique, et qu'elle est en opposition directe avec celle que j'expose. Et afin qu'on ne puisse point me soupçonner d'avoir atténué ses raisonnemens, j'ai jugé convenable de placer à la fin de mon ouvrage une traduction littérale de son discours, en y ajoutant quelques notes. De cette manière, le lecteur pourra juger avec pleine connaissance de cause de mon impartialité, comme de la justesse de ma réfutation; et les partisans de la jurisprudence anglaise ne pourront point m'accuser d'avoir célé ou

______

(1) Ch. XXII.

atténué les bases sur lesquelles elle est fondée.

Au reste, je sens parfaitement l'inutilité de mes opinions pour les gouvernemens dont elles contrarient les vues et les intérêts ; mais elles peuvent du moins servir à les juger : et il est dans l'ordre des choses possibles, que les bons principes, à force d'être répétés et de se répandre, préparent une heureuse révolution dans le système maritime de l'Europe. Le gouvernement français en avait déjà établi les principales bases ; mais elles ont été renversées.

NAPOLÉON a fixé, par sa sagesse et sa puissance, le sort du continent ; il a détruit tous les germes de dissentions et de guerres : le seul genre de gloire qui lui reste encore à conquérir, est d'être l'auteur d'un code maritime qui pose sur des bases justes et immuables la liberté des mers, et assure la navigation et les relations commerciales dans les quatre parties du monde.

TABLE DES CHAPITRES.

SUPPLÉMENT.

T. II.

Fin de la Table des Chapitres.

ERRATA.

Aux mots *anse*, *anséatique*, ajoutez une *h*.

DE LA LIBERTÉ

DE

LA MER.

PREMIÈRE PARTIE.

CETTE grande question a été discutée, entre autres, par deux écrivains célèbres du dix-septième siècle. *Grotius* a soutenu la cause de la liberté ; *Selden* s'est efforcé de la détruire, persuadé sans doute que son systême étoit celui de son pays (1). Je pense donc

---

(1) Je ne cite que la doctrine de ces deux auteurs, parce qu'ils ont été les premiers qui aient traité la matière à fond : ceux qui les ont suivis, n'ont fait que les commenter et se traîner sur leurs pas. C'est par cette raison que je ne fais aucune mention ni de *Puffendorf*, ni de *Bynkershoek*. D'ailleurs le premier traite la question d'une manière si tergiversante, qu'on ne trouve dans ce qu'il dit aucun de ces principes fondamentaux, primordiaux, auxquels doivent

I. 1.

devoir mettre à la tête de mon examen les opinions opposées de ces deux écrivains. Je commence par *Grotius ;* et pour ne point altérer son langage, je vais rapporter ses propres termes. *Liv.* 1 *, chap.* II *,* §. III. « Ceci » posé, nous disons que la mer, considérée, » soit dans son intégrité, soit dans ses parties » principales, ne peut point devenir une

---

remonter, comme à leur unique source, toutes les questions relatives au droit naturel comme au droit des gens : *Puffendorf* pense tantôt comme *Grotius*, tantôt comme *Selden*, et il mêle des considérations politiques dans une discussion à laquelle la politique est étrangère : elle n'en est en effet que la conséquence, lorsqu'elle est dirigée par la justice et non par la jalousie, l'avidité et l'ambition. Quant à *Bynkershoek ;* il penche vers le système de *Selden ;* il admet la possibilité du domaine privé de la mer, et il donne beaucoup de valeur à l'*utilité.*

Deux autres auteurs ont marché sur les traces de *Selden ;* savoir : *Welwood*, anglais, sous le titre *de dominio maris juribusque ad dominium spectantibus;* et *Hurgus*, italien, qui, à l'imitation de son modèle, a traité du domaine en général, pour ensuite soutenir celui de la république de Gênes sur la mer Ligurienne, qu'il étend jusqu'à l'île de Corse. Le titre de son ouvrage est : *De dominio Serenis. Genuensis Reipublicæ in mare Ligustico.* Je dois aussi

» propriété particulière ; ce que nous prou-
» vons d'abord par la raison morale, en
» ce que la cause pour laquelle on s'est
» écarté de la communauté a cessé ici : en
» effet, la grandeur de la mer est telle,
» qu'elle suffit à tous les usages pour tous les
» peuples, à puiser de l'eau, à pêcher, à
» naviguer. On pourrait dire la même chose
» de l'air, s'il pouvait être de quelque usage

---

indiquer *Albericus Gentilis*, dont *Selden* a adopté et amplifié la doctrine. Je n'analyse pas les ouvrages de ces écrivains, parce qu'ils ne font que se répéter. Je ne puis cependant me dispenser d'observer que *Welwood* fonde particulièrement la divisibilité et le domaine de la mer sur plusieurs passages de la Sainte Écriture, et qu'il en fait presqu'un article de foi. Ce qui est encore plus singulier, est que *Welwood* accuse d'avarice quiconque s'oppose à la division. Son anathême frappe particulièrement sur la nation hollandaise : *Excipio gentem, unicam gentem, nempè cui solum patrium lacte licet luxuriet, necessariorum tamen liberrima aliunde communicatione, in uno reliquarum gentium spoliis affluentur, et ad fastum ditata, omni distinctione contenta, in mare suo libero invictissimam se palàm prædicare non veretur.* (*Voyez* p. 9.) Ce reproche est en contradiction avec le prétendu assentiment de tous les peuples de l'Europe, affirmé par *Selden.*

» auquel l'emploi de la terre ne seroit pas
» nécessaire, telle qu'est la chasse, qui reçoit
» la loi de celui qui possède le fonds.

» Il y a aussi une raison naturelle qui em-
» pêche la mer, considérée comme nous l'a-
» vons dit, de devenir une propriété ; c'est
» que l'occupation ne peut avoir lieu qu'à
» l'égard d'une *chose terminée*. Les liquides
» n'étant point terminés par eux-mêmes, ne
» peuvent point être occupés, à moins qu'ils
» ne soient contenus dans une autre chose.
» C'est ainsi que sont occupés les lacs et les
» étangs ; il en est de même des fleuves, parce
» qu'ils sont contenus par les rivages. Or, la
» mer n'est point contenue par la terre ; elle
» en est une partie, ou elle est plus grande
» que la terre : c'est par cette raison que les
» anciens disaient que la terre étoit renfermée
» dans la mer (1) ».

L'auteur va plus loin dans son Traité ayant.

----

(1) *His positis, dicimus mare sumptum aut sub
ratione integri, aut sub ratione præcipuarum par-
tium, in proprium jus abire non posse, quod quia
de privatis quidam concedent, non de populis, pro-
bamus primum ex morali ratione : quia causa ob
quam à communione discessum est, hic cessat : est
enim tanta maris magnitudo, ut ad quemvis usum*

pour titre *Mare liberum*. Voici ses expres-
sions : « Nous établirons comme fondement
» cette règle certaine, évidente et immuable
» du droit des gens, qu'on appelle primitif :
» qu'il est libre à toute nation de communi-
» quer avec une autre, et de négocier avec
» elle. Dieu lui-même le prononce ainsi par
» la nature (1) ».

Ainsi, selon l'opinion de *Grotius*, la mer,

---

*omnibus populis sufficiat, ad aquam hauriendam,
ad piscatum, ad navigationem : idem dicendum esset
de aere, si quis ejus usus esse posset, ad quem terræ
usus non esset necessarius ut est ad aucupia ; unde
illa legem accipiant ab eo qui in terra imperium
habet.*

*Est et naturalis ratio quæ mare consideratum ut
diximus, proprium fieri vetat : quia occupatio non
procedit nisi in re terminata : liquida, quia per se
non terminantur, occupari nequeunt, nisi ut contenta in re alia, quomodo lacus et stagna occupata
sunt, item flumina, quia ripis continentur. Mare
verò terrá non continetur, pars terræ, aut terræ
majus : unde terram mari contineri veteres dixere.*

(1) *Fundamentum struemus hanc juris gentium
quod primariam vocant regulam certissimam, cujus
perspicua et immutabilis est ratio : licere cuivis
genti quamvis alteram adire, cumque ea negociari.
Deus ipse hoc per naturam loquitur.*

ni dans sa totalité, ni dans ses parties principales, ne peut devenir un domaine privé, parce que le motif puisé dans la raison morale qui a fait cesser la communauté relativement à la terre, n'est point applicable à l'Océan. En effet, l'étendue de cet élément est telle, qu'il peut suffire à l'usage de tous les peuples. Il en serait de même de l'air, s'il pouvait être de quelque usage sans le secours de la terre. Il y a de plus une raison physique qui s'oppose au domaine de la mer : c'est qu'on ne peut occuper qu'une chose terminée ou fixe ; or, les liquides ne peuvent l'être qu'autant qu'ils sont contenus, comme les lacs, les étangs, les rivières ; ce qui ne peut point être dit à l'égard de la mer, qui est aussi grande, et peut-être plus grande que la terre qu'elle environne. Telle est la doctrine de l'écrivain hollandais.

Nous allons lui opposer celle de son antagoniste ; mais nous ne suivrons pas ce dernier dans tout le développement de sa doctrine, parce que nous nous égarerions dans un dédale d'érudition que nous croyons superflu dans une matière sur laquelle la seule raison doit prononcer. Nous nous bornons donc à en donner la substance.

Selden divise le droit naturel en obligatoire ou impératif, et en facultatif ou permissif. Le premier commande et défend; le second ne défend ni n'ordonne, mais permet. La terre et la mer sont dans cette dernière cathégorie; et la faculté, à leur égard, appartient à tout le genre humain. C'est en conséquence de cette vérité que la terre, originairement commune, a pu être partagée et former des propriétés particulières. Il en est de même de la mer.

A la vérité l'Écriture Sainte, en parlant des distributions de terres qui ont suivi le déluge, ne fait pas une mention précise de la mer; mais ce qu'elle en dit ne répugne point à la faculté de s'en approprier le domaine : on trouve même des passages qui la favorisent. Le droit naturel facultatif concernant la mer, doit être puisé dans les coutumes et dans les dispositions des nations les plus célèbres et les plus policées, tant anciennes que modernes. Or, loin d'être contraires au domaine privé de la mer, nous trouvons qu'elles le permettent. Les temps fabuleux en fournissent de nombreux témoignages. Les Grecs, de même que les peuples orientaux, connoissaient le domaine de la mer ; il en est de même des Carthaginois et des Romains. On a également des exemples fournis par des peuples modernes, comme les Vénitiens à l'égard de la mer Adriatique, les Génois à l'égard de la mer Ligurienne : les Toscans, l'État Romain, les Portugais, non seulement admettent la faculté d'acquérir le domaine privé de la mer, mais ils ont même une loi expresse par laquelle ils prétendent se l'attribuer dans les mers de Guinée, des Indes, etc. L'Espagne regarde la mer comme commune : cependant plusieurs auteurs espagnols soutiennent qu'elle peut devenir un domaine privé. En France, ni les coutumes ni les constitutions ne contrarient le droit d'acquérir ce domaine. Enfin, ce droit a été consacré par le Danemarck, la Suède, la Pologne et la Porte ottomane.

A la suite de cette longue énumération d'exemples, *Selden* entreprend de répondre aux objections. La première a pour objet le passage des marchands, des voyageurs, des navigateurs : la liberté de ce passage est commune par la nature même de la mer, et il est appuyé du témoignage des écrivains. *Selden* convient que les devoirs de l'humanité exigent qu'on accorde l'hospitalité aux étrangers, et qu'on ne leur interdise point le passage innocent : mais, selon lui, une pareille condescendance ne déroge pas plus au domaine que les servitudes qui existent entre particuliers sur terre ferme, ou les passages qu'accordent les souverains, comme, par exemple, celui des Pyrénées, des Alpes, etc.; et ces sortes de passages sont communément assujettis à des restrictions prescrites par le souverain du pays.

Seconde Objection. La nature même de la mer est contraire au domaine privé, tant parce qu'elle est dans un mouvement perpétuel, que parce qu'il est impossible d'y fixer des limites, sans lesquelles cependant les propriétés privées ne sauraient être distinguées. D'ailleurs la mer, par son étendue, suffit perpétuellement à l'usage de tous.

Réponse. Les fleuves sont beaucoup plus fluides que la mer; ils ont tous une déclivité qui les conduit vers la mer, laquelle est en quelque sorte immobile. Mais en admettant sa fluidité, certainement les lits ou fonds, et les lieux d'où découlent les eaux, demeurent toujours les mêmes, quoique les eaux changent perpétuellement; et cependant il n'a été dérogé nulle part au domaine privé des fleuves ; quoique l'usage en soit public, ce domaine fait partie des droits régaliens ou fiscaux : il en est de même des lits ou fonds de la mer. De là vient qu'une île qui s'est formée dans la mer appartient au premier occupant, quoiqu'auparavant la mer et son fonds appartinssent à l'universalité des hommes. Ainsi le domaine privé des fleuves n'ayant jamais été contesté, à quel titre contesterait-on celui de la mer ? car enfin, la mer n'est qu'un fleuve, un lac, ne différant des autres que par son étendue, ce qui ne produit aucune différence relativement au domaine privé. Ce qui vient d'être dit est applicable à l'air : en effet, il est infiniment plus fluide que l'eau et change perpétuellement de place. Cependant l'espace qu'il occupe appartient au propriétaire du fonds, et son droit d'élever des bâtimens est illimité ; de là le proverbe que le ciel ou l'air sont à celui à qui appartient la terre. Enfin, dit *Selden*, les subtilités qu'on oppose au domaine privé de la mer ont été imaginées par les philosophes (particulièrement par *Héraclite* et par *Épicharme*) qui ont enseigné que les choses changent, varient et se renouvellent à chaque instant, de telle sorte qu'aucune chose sur la terre ne demeure dans

l'état où elle était au moment même qui vient
de s'écouler.

Troisième Objection. Le défaut de bornes
de la mer, son étendue , son abondance s'opposent au domaine privé.

Réponse. Les bornes sont relatives au rivage ou à la pleine-mer. Je ne comprends pas ,
dit *Selden*, pourquoi les rivages ne peuvent
pas être considérés comme des bornes auxquelles aboutit la mer , aussi bien que les
fossés et les autres marques posées par les
géomètres pour distinguer les héritages particuliers. A la vérité un grand homme, *Grotius*,
dit que selon la raison naturelle la mer ne
peut devenir une propriété privée , parce que
l'occupation ne peut avoir lieu qu'à l'égard
d'une chose fixe; ainsi les liquides ne l'étant
pas par eux-mêmes , ne peuvent être occupés
qu'autant qu'ils sont contenus comme le sont
les lacs, les étangs, les rivières. Or, la mer
n'est point contenue par la terre , car elle est
aussi grande et même plus grande que la terre :
ce qui a fait dire aux anciens que celle-ci était
renfermée dans l'Océan , comme si elle ne
formoit qu'une île unique.

Mais je ne vois pas, dit *Selden*, pourquoi
ce qui contient n'est pas aussi bien limité par

le contenu , que celui-ci l'est par l'autre ; un corps sphérique borne aussi bien celui qui l'environne , qu'il est borné par celui qui lui est contigu. C'est ainsi que les corps convexes et concaves se servent réciproquement de limites. C'est dans le même sens que *Scaliger* fait, à l'égard de la mer , l'observation suivante : *Non ab altero alterum ità continetur, quin illud quoque contineat.* La terre et la mer s'embrassent alternativement par des sinuosités que forment les péninsules et les promontoires ; ainsi elles se servent réciproquement de limites , de même que les lacs, les rivières, les étangs et leurs rivages. Cette vérité est rendue sensible par la mer Caspienne et la Méditerranée , depuis qu'Hercule , ou , comme disent les Arabes, Alexandre le Grand, en faisant abattre les montagnes , a ouvert à l'Atlantique le passage qui forme le détroit de Gibraltar. On trouve la chose exprimée bien clairement dans la Sainte Ecriture : *Circumdabat mari terminum suum, et legem ponebat aquis , ne transirent fines suos* (1). Il n'est guère plus difficile d'assigner des limites à la pleine mer qu'à celles qui viennent

______

(1) Prov. , §. 29.

d'être indiquées ; on rencontre partout des élévations, des promontoires, des îles qui peuvent servir à tirer des lignes exactes pour fixer les limites du territoire maritime. Nous avons de plus le secours de la boussole, des degrés de longitude et de latitude, ainsi que la science des triangles. Dans les colonies américaines, les degrés de longitude et de latitude indiquent les limites des possessions respectives. La chose n'est pas plus difficile à l'égard de la mer : sans faire mention d'autres exemples, nous avons un traité conclu (1630) entre la Grande-Bretagne et l'Espagne, l'équateur y est assigné comme limite en mer. De même les promontoires de Sarpedon et de Calycade en Cilicie ont servi à déterminer le domaine maritime dans un traité conclu entre les Romains et Antiochus, roi de Syrie. Des limites de cette nature ont été assignées entre les Espagnols et les Portugais par la fameuse bulle de démarcation du pape Alexandre VI ; elle suppose une ligne tirée du pôle arctique au pôle antarctique, pour fixer les conquêtes des deux puissances. Les partisans même de la communauté de la mer admettent le domaine exclusif jusqu'à une certaine distance des côtes : *Barthole* l'étend jusqu'à cent milles , et *Bodin* à soixante. Les conséquences qu'on tire de la grandeur de la mer , comme de son inépuisable abondance , sont tout à fait indifférentes , et même étrangères à la question ; car, en admettant que la mer est tellement féconde que l'usage n'en puisse préjudicier à celui qui en a le domaine , quel rapport cette circonstance a-t-elle avec le droit de jouir de ce domaine ? Parce que j'allume ma chandelle à votre feu , votre feu est-il diminué par-là ? Quoi qu'il en soit, la pêche, la navigation , le commerce peuvent détériorer le domaine de la mer , tant à l'égard de celui à qui il appartient qu'à l'égard de ceux qu'il admet à la participation de son droit, en diminuant les avantages que les uns et les autres en retireraient sans cette concurrence étrangère. Cette vérité est particulièrement applicable aux mers qui produisent le corail, les perles , les coquillages, et d'autres objets de ce genre. Leur abondance diminue de jour en jour , de même que celle des mines et des jardins dont on enlève les productions. Ce qui est vrai à l'égard des objets qui viennent d'être indiqués , ne l'est pas moins à l'égard de tous ceux que peut fournir la pêche. La mer n'est pas plus inépuisable que le reste du globe ; sa grandeur et son abondance ne forment qu'une partie du tout ; ainsi ce n'est point par-là qu'on peut attaquer le domaine de la mer, à moins qu'on ne révoque en doute le domaine universel de l'empereur romain comme contraire à la saine raison, et qu'on ne rejette cette inscription faite pour Auguste : *Orbe mari et terra pacato, Jano clauso*, etc.

Après avoir épuisé les principes, les exemples et les raisonnemens, *Selden* finit par entreprendre directement la réfutation de la doctrine de *Grotius*. Comme il puise ses argumens dans le développement qu'il a fait des moyens sur lesquels il a fondé son système, nous craindrions de faire une répétition aussi fastidieuse qu'inutile, en rapportant ce qu'il dit pour anéantir la doctrine de son antagoniste. Mais nous croyons devoir rapporter textuellement la conclusion finale de l'auteur anglais.

« Au reste, après avoir bien pesé tout ce
» que nous savons des coutumes, des siècles
» et des nations, du droit tant civil que con-
» ventionnel d'un grand nombre d'entr'elles,
» personne, à ce que je pense, ne sera d'avis
» que, soit la nature même de la mer, soit le

» droit divin ou naturel, soit le droit des
» gens, s'opposent tellement au domaine
» privé de la mer, qu'il n'est admissible à
» aucun titre, et qu'aucune mer quelconque
» n'est susceptible de ce même domaine ; ce
» qui étoit à démontrer (1) ».

Il faut convenir qu'autant *Grotius* a mis de
simplicité et de laconisme dans la défense de
sa doctrine en faveur de la liberté de la mer,
autant son adversaire, pour le combattre,
a employé d'art, de science, de détours, d'é-
rudition et de subtilité ; c'est que le premier
a jugé son thême tout fait dans la nature et
dans la pratique : et que l'autre, obligé de
créer, a dû appeler à son secours, son esprit,
son imagination et son érudition ; voilà pour-

---

(1) *Cæterùm universis quæ hactenus extat sæcu-
lorum gentiumque moribus, de jure tam plurimorum
civili quam communi seu interveniente deprümpta
sunt, rite perpensis, nemo (puto) dubitavit quin
neque in natura ipsius maris, neque in jure sive
divino, sive naturali, sive gentium quid maneat,
quod ita dominio ejus privato reluctetur, ut id non
jure omni modo, atque exploratissimo queat admitti ;
adeoque quin jure qualicumque dominii privati capax
sit qualecumque mare, quod erat demonstrandum.*

quoi il est si long et *Grotius* si succint (1).
Nous allons tâcher de mettre nos lecteurs en
état de prononcer entre ces deux écrivains ;
et pour ne rien omettre, du moins volontairement, nous croyons devoir remonter jusqu'à l'origine des choses, parce que c'est là
aussi qu'est celle des droits de l'homme à l'é-
gard de la Terre comme à l'égard de l'Océan.

Mais avant d'entrer en matière, nous devons observer que *Selden* a principalement
puisé sa doctrine dans les coutumes de plusieurs nations, tant anciennes que modernes ;
selon lui le domaine privé des mers était et

---

(1) Ce que j'observe à l'égard de *Selden*, c'est
lui-même qui me l'apprend : il dit dans sa Préface,
qu'il a dû puiser dans les bibliothèques tant publiques
que particulières, dans les archives du parlement et
de la tour de Londres ; il est remonté jusqu'aux épo-
ques qui ont précédé la conquête de Jules César ;
enfin, il a mis à contribution poètes, philosophes,
historiens, Lucain, Virgile, Sénèque, Cicéron,
Pline, Tacite, etc. On est nécessairement prolixe
quand il faut puiser dans des sources si nombreuses
un système pré-établi, qui ne porte pas sa conviction
avec lui-même. Je dis système pré-établi, parce que
Selden l'avoue aussi dans son Épitre Dédicatoire à
Charles 1er.

est encore conforme à la jurisprudence universelle ; et de là il conclut que le droit d'acquérir ce domaine est à l'abri de toute contestation. Si l'opinion de *Selden* était exacte,
sans contredit le domaine privé serait du moins
fondé sur le droit coutumier. Mais des faits
transitoires et isolés, en les supposant exacts,
n'ont jamais formé une coutume ; il faut, pour
lier les nations, non seulement la fréquence
des faits, mais aussi l'assentiment général.
Ces principes sont constans, et ils nous dis-
pensent d'analyser les exemples allégués par
Selden, quoiqu'il serait facile de démontrer
qu'il les a mal interprétés et mal appliqués.
Venons à notre sujet.

La terre et la mer étaient originairement
abandonnées à l'usage de tous. La communauté cessa successivement à l'égard de la
terre, parce que l'homme, forcé de défri-
cher, voulut avec raison conserver le terrain
que son travail venait de rendre productif ;
c'est là la source originelle de la propriété
exclusive ; et c'est cette propriété qui, après
avoir causé de grands débats, a donné nais-
sance aux associations et aux lois. Il ne pouvait point en être de même relativement à
la mer, parce que ni sa surface, ni son

sein, ni son fond ne sont susceptibles de culture; ainsi le titre primitif de la propriété privée ne pouvait être appliqué à l'océan. La nature a tout fait à l'égard de cet élément; l'homme n'y contribue et ne peut y contribuer en rien : il se contente de recueillir et de jouir.

Parmi les bienfaits de la mer, la pêche a sans doute été le premier dont les hommes furent frappés, et empressés de jouir; mais l'abondance constante a dû leur démontrer que l'exclusive, quand même elle leur eût paru praticable comme sur la terre, aurait été sans utilité, par conséquent sans motif : en effet, ils ont vu que le poisson se reproduisait par lui-même, tandis qu'on ne pouvait recueillir les richesses de la terre qu'à force de culture.

C'est donc par la nature même des choses que la terre fut progressivement divisée en propriétés particulières, et que la mer demeura commune. Est-il possible ou est-il utile de changer cet état primitif des choses à l'égard de l'océan?

La terre est solide et immobile relativement à nous; ainsi elle est susceptible de limites, et d'une occupation réelle et permanente. Si sa surface était d'une autre nature que celle du fond, si elle en était détachée, si elle était mobile, fluide, vagabonde comme les flots de la mer, on ne pourrait y établir ni bornes, ni habitation, ni culture; et c'est là l'état physique de l'océan. Il présente une immense surface, constamment en mouvement, constamment agitée, et n'offrant à l'homme ni retraite, ni production alimentaire, ni moyen de culture. D'après cela, il est naturel de croire que la mer fut d'abord abandonnée, comme stérile; et même qu'on la regarda comme dangereuse, parce qu'on dut craindre qu'elle ne submergeât la terre et ses habitans.

Mais les hommes (1) s'habituèrent insensiblement à cet élément, et ils durent à la longue, soit par un effet du hasard, soit par toute autre circonstance, découvrir et sa destination et son utilité. C'est dans cette double source que nous puiserons la solution du

____

(1) Je fais abstraction des connaissances acquises par le premier homme, et transmises à sa postérité. Il ne s'agit ici que de la marche présumée de l'espèce humaine dans l'ordre de la nature, et nullement de la révélation.

problême que nous discutons, et non dans les us et coutumes équivoques des peuples anciens et modernes, comme l'a fait *Selden*.

Nous devons prévenir d'avance le lecteur, que notre seul objet est la pleine mer, et non les parties qui baignent les côtes du continent et des îles ; car il est convenu généralement que ces parties dépendent du domaine territorial : cette jurisprudence appartient au droit des gens coutumier ; elle est une exception au principe général qui établit la liberté de la mer ; mais elle ne lui porte aucune atteinte, parce que les eaux baignant les côtes, étant susceptibles d'une protection permanente, sont aussi susceptibles de propriété.

Quant à la pleine mer, *Selden* prétend établir qu'elle peut être réduite en domaine privé par des limites positives et fixes ; et pour cet effet il indique les hauteurs, les promontoires, les îles, les lignes, les triangles, les degrés de longitude et de latitude, la boussole, l'immobilité du fond de la mer, etc. — Nous admettons volontiers tous ces moyens, nous admettons même que les divisions de l'océan peuvent être faites avec une précision mathématique ; nous allons même jusqu'à convenir que le domaine privé de la mer peut être établi avec la même facilité que celui du continent : mais nous demandons d'abord quelle utilité, non le genre humain, mais un état particulier pourrait recueillir de ce domaine sur telle ou telle portion de la pleine mer ? — On ne voudra probablement pas l'établir sur la faculté exclusive de commercer avec des nations lointaines, ou sur le droit de ranconner tous les navigateurs, en les forçant de payer des *licences*, sous peine de confiscation. Je fais abstraction du monopole qui résulterait de cet ordre de choses. Cherchons donc cette utilité dans l'usage que peut offrir cet élément, en le considérant sous d'autres aspects.

Il faut distinguer la surface, le sein et le fond.

L'avantage unique que nous offre la surface, c'est la navigation, c'est-à-dire la communication directe entre toutes les parties du globe. Cette communication rapproche les hommes, et leur rend communes les productions de toutes les contrées et de tous les climats. Sans la navigation, quels rapports l'occident de l'Europe aurait-il avec l'Afrique, l'Inde, la Chine? Quelles communications le vaste continent de l'Amérique aurait-il avec le reste de la terre? Comment, sans la mer, les états du Nord transporteraient-ils leurs productions dans ceux de l'Ouest et du Midi? Ces communications se font sur un élément si vaste, qu'il est impossible qu'une nation y gêne la marche d'une autre. On peut même dire que tous les vaisseaux, grands et petits, des quatre parties du monde pourraient y naviguer sans s'embarrasser, et même sans se rencontrer. Ainsi il est démontré que, relativement à la navigation, le domaine privé de la pleine mer serait sans aucun objet, par conséquent sans la moindre utilité. Si vous prétendez la placer dans l'exclusive qu'elle procurerait, je vous réponds : Protégez-la de manière à pouvoir braver, avec des forces permanentes, les réclamations et les attaques de toutes les nations : alors vous aurez pour vous le fait, et nullement le droit; et une bourasque peut vous déposséder : car il y a une alliance perpétuelle, indestructible entre les vents et les flots de la mer.

Mais, dira-t-on, l'utilité se trouve dans le

sein même de l'océan : la pêche qu'il offre est un bienfait inappréciable. Nous sommes parfaitement d'accord sur un point aussi important : mais est - il indispensable que la pêche, pour être utile, soit exclusive? Nous pourrions nous borner à répondre, avec tous les moralistes d'accord avec la saine raison, que faire son profit au préjudice d'autrui, c'est violer la loi de la nature. Mais nous mettons ce moyen à l'écart, et nous disons que, pour justifier la pêche exclusive, il faut prouver que la concurrence est nuisible, c'est-à-dire, que non seulement elle est une gêne, mais aussi qu'elle détruit, ou au moins diminue le poisson, et que par-là elle vous prive de votre subsistance. Mais la pêche existe depuis que la mer est fréquentée; et quelle espèce de poisson a été détruite ou diminuée? Les pêches les plus importantes de la mer sont celles de la morue, de la baleine et du hareng. Elles se font dans des parages déterminés et nulle part au hasard. Celle de la morue se fait le long des côtes de Terre - Neuve, sur ce qu'on nomme le *grand - banc*, et dans le golfe de Saint-Laurent. La principale pêche de la baleine se fait dans les parages du Groënland, dans la baie de Hudson et sur quelques côtes de l'Amérique méridionale ; et quoique cette espèce de pêche soit ouverte à toutes les nations, on n'a pas encore soutenu que les baleines soient diminuées : c'est au contraire le nombre des pêcheurs qui a diminué, parce qu'elle est d'un faible bénéfice pour les armateurs. Quant au hareng, c'est une espèce innombrable, et qui, par sa prolification, finirait par encombrer la mer, sans la pêche et d'autres causes de destruction. D'ailleurs le hareng est un poisson vagabond; il change souvent de direction, on ne connoît pas même la contrée d'où il vient par colonnes vers le sud. Ainsi, quelle nation pourroit l'intercepter pour s'en assurer la pêche exclusive aux dépens de toutes les autres (1) ? Et cette exclusion, si elle était possible, quel autre effet produirait-elle, sinon ou de diminuer un objet précieux de subsistance, ou d'en établir le monopole aux dépens de toute l'Europe ? Nous pas-

---

(1) On sait toutes les querelles que l'Angleterre a suscitées aux Hollandais au sujet de la pêche sur les

sons sous silence toutès les autres espèces
de poisson qui fournissent à la consomma-
tion particulière : elle se fait habituellement
le long des côtes par les habitans respectifs ; et lors même que les pêcheurs fréquentent des côtes étrangères, l'idée n'est
pas encore venue de les expulser par la
crainte de la disette : ce qui toutefois serait bien naturel, si la concurrence portait
préjudice à la pêche nationale. La pêche de
la morue exige une remarque particulière :
elle se fait, comme je viens de l'observer,
en grande partie sur les côtes de Terre-
Neuve appartenante à l'Angleterre : mais
dans le voisinage, en pleine mer, se trouvent le grand et le petit bancs. Malgré la
proximité de l'île, la Grande-Bretagne n'a
pas encore tenté de comprendre ces parages
dans son domaine exclusif : il lui serait cependant facile de tirer une ligne de démar-

---

côtes d'Écosse : ce n'est point la pêche en elle-même
qui les a provoquées ; elle n'a servi que de palliatif à
la jalousie qu'on portoit à l'activité des Hollandais,
à leur industrie, à leurs succès, à leur prospérité. Il
auroit été plus utile de les imiter que de les tracasser.

cation depuis Terre-Neuve jusqu'aux deux bancs.

Selden, pour soutenir l'utilité de l'exclusive, fait aussi mention de la pêche du corail, des perles, des coquillages et autres objets de ce genre ; et il prétend que le produit peut en être diminué par la concurrence. Mais, la possibilité présupposée, comment peut-on avoir recours à un moyen aussi insignifiant, à des objets de luxe, pour attaquer les droits imprescriptibles de la race humaine sur l'océan ! Quoi ! parce que quelques contrées de la mer nourrissent l'insecte qui produit le corail, et fournissent des coquillages, des conques, le droit de naviguer et de pêcher doit être converti en monopole ! Pareille assertion ne mérite point d'être réfutée sérieusement ; car elle prouve évidemment que son auteur n'a pas cherché la vérité ; qu'il s'est efforcé de recourir à toutes les subtilités possibles pour prouver le système qu'il avoit préétabli. Mais enfin, en aboudant pleinement dans son sens, relativement à la pêche, on peut demander si l'usage exclusif pouvant seul la rendre utile, le même motif peut être appliqué à la na-

vigation. La réponse se présente d'elle-même :
le navigateur, soit marchand, soit militaire,
ne connaît pas la pêche ; il ne la pratique
ni ne peut la pratiquer ; il ne peut donc
point nuire ni à l'abondance du poisson, ni
à celle des autres productions de la mer ;
par conséquent il n'y a ni motif, ni prétexte
de gêner la navigation, et de soumettre à
cet égard la mer au domaine privé (1). Au
reste il ne s'agit point ici de la pêche dans
les parages qui sont censés faire partie du
territoire ; la liberté qu'on défend ne concerne que la pleine mer.

Après avoir anéanti, comme nous le pen-
sons, l'*utilité* (2) du domaine privé de la mer,
nous allons examiner ce domaine en lui-
même, et abstraction faite de toute considération particulière, et, comme dit *Grotius*,
de toute raison morale.

---

(1) Les navigateurs du nord ne viennent point
dans la Méditerranée pour pêcher le corail, et ceux
du midi ne vont point dans la Baltique pêcher l'ambre
jaune. Cette réflexion aurait dû rassurer *Selden*.

(2) Elle est le grand argument, l'argument irrésistible de *Bynkershoek* en faveur du domaine privé.

En supposant que la pleine mer en soit susceptible, nous demandons par quelle voie il pourra être légitimement acquis de nation à nation? Il faut certainement commencer par établir l'occupation, et la soutenir par la possession, c'est-à-dire par une possession non idéale, mais réelle et permanente, avec l'intention de conserver. Je veux admettre qu'une pareille possession produira l'usucapion, et que l'usucapion sera maintenue par la prescription : mais quels moyens une nation emploiera-t-elle pour établir la possession, pour acquérir une possession réelle et permanente, non interrompue, non troublée, au milieu des flots de la mer, des vents et des tempêtes? Comment par conséquent établira-t-elle l'usucapion ? Enfin, l'usucapion acquise, devant quel tribunal fera-t-elle valoir la prescription ? Quelle loi, quel juge invoquera-t-elle pour être maintenue? Prenons garde que le droit de fréquenter la mer, comme le dit *Selden* lui - même, est purement facultatif (*jus permissivum*); que par conséquent une nation peut en user ou n'en pas user sans abandonner son droit, ou sans être censée l'avoir abandonné ou transmis au premier occupant. Ainsi, le fondement même de la prescription manquerait, parce qu'elle suppose, outre la bonne foi, l'abandon réel ou au moins présumé. Or, à l'égard des choses purement facultatives, même selon le droit civil, la simple présomption, soit de l'abandon, soit du consentement, est inadmissible : à plus forte raison est-elle inapplicable entre nations qui ne reconnaissent ni loi civile, ni juge, ni prescription. Posons un exemple : la France a le droit de pêcher sur les côtes de Terre-Neuve, en vertu du traité d'Utrecht et de tous les traités subséquens ; les Français s'abstiennent, durant plusieurs années consécutives, aussi long-temps qu'on voudra le supposer, d'exercer ce droit : pense-t-on que le gouvernement anglais se croirait autorisé à les repousser à titre de prescription ? Certes, l'idée ne lui en viendrait point ; ou bien, s'il se permettait la moindre voie de fait, il provoquerait une guerre évidemment injuste, et cependant elle serait conforme aux principes de *Selden*. Il a existé naguères (1786) une discussion de ce genre entre l'Espagne et les Provinces-Unies des Pays-Bas, lors de l'établissement de la Compagnie des Philippines : les Hollandais prétendaient interdire aux Espagnols la navigation aux Indes orientales par la route du cap de Bonne - Espérance ou de l'est ; et ils appuyaient leur prétendu droit, non sur les principes de l'auteur anglais , mais , d'un côté, sur des Traités, de l'autre, sur un consentement plusieurs fois réitéré ; mais ces deux moyens étaient trop évidemment erronés pour que la réclamation des Hollandais pût réussir : elle fut rejetée, tant parce que les traités étaient faussement interprétés, que parce qu'on prétendait les appliquer à une des plus vastes portions de l'Atlantique.

On dira peut-être qu'une nation peut maintenir sa possession par des réglemens , par des punitions. Mais il faut observer, en premier lieu , que la possession (en admettant la possibilité physique), si elle n'a pas l'assentiment des autres nations , ne peut être soutenue que par la force, et que la force peut la détruire ; en second lieu , pour pouvoir punir , il faut surprendre le délinquant en flagrant délit : il faut donc avoir toujours et partout des vaisseaux stationnaires en pleine mer , pour empêcher la transgression des lignes et des triangles. Mais il ne faudra qu'une bourasque pour éloigner le stationnaire , et ouvrir un passage libre au bâtiment contre-bandier. C'est ainsi que le vice d'un prin-cipe conduit à l'absurde dans les consé-quences.

Pour trancher la difficulté, nous disons que les droits que la nature a attribués aux hommes, sont devenus le fondement de la loi des na-tions; que les dérogations que ces droits ont éprouvées n'ont eu pour objet que leur utilité commune, c'est-à-dire, le maintien de l'ordre social et de la paix; que, hors de là, les indi-vidus et les nations ont conservé leurs droits primitifs. Or, l'ordre social exige-t-il que les nations renoncent, en faveur d'une autre, à la faculté de naviguer librement en pleine mer, et d'y faire la pêche du poisson, du corail, des coquillages? Si ce renoncement n'est pas nécessaire, s'il n'offre aucune utilité à qui que ce soit, il ne peut point être pré-sumé; et tout ce qui serait entrepris contre cette vérité serait un acte de violence, une usurpation, un motif légitime de guerre.

Tout ce que nous venons d'exposer pour détruire la théorie de *Selden* et de ses ad-hérens, semble nous dispenser de l'examen de la possibilité de partager la pleine mer et de lui assigner des limites certaines. Cepen-

dant nous croyons utile de faire quelques remarques à cet égard.

Notre auteur, comme nous l'avons déjà observé, parle de hauteurs, de promontoires,
d'îles, de lignes, de boussole, de triangles,
de degrés de longitude et de latitude, et il
prétend qu'il serait aussi facile de tirer une
ligne droite d'un continent à l'autre, que d'un
point fixe à un autre pour diviser les héritages sur terre ferme. Supposons une ligne
ainsi tracée avec une exactitude mathématique, par exemple, depuis le cap Saint-
Vincent, en Portugal, jusqu'au cap Horn,
placé à l'extrémité de l'Amérique méridionale ; quelle sûreté donnera-t-elle à la puissance qui l'aura imaginée ? empêchera-t-elle
les navigateurs de l'outre-passer ? placera-
t-on de distance en distance des vaisseaux
stationnaires ou des forts pour la faire respecter ? Il faut croire qu'aucune nation ne
voudrait se charger d'un soin aussi onéreux
et aussi inefficace pour établir une possession
permanente, condition *sine quâ non* du domaine. Pour établir un second exemple, supposons que le souverain de l'île de Ceylan
tire une ligne depuis cette île, d'un côté jusqu'au cap Comorin, de l'autre jusqu'à la

pointe du royaume d'Achem ; croit-on qu'il empêchera les Européens de la traverser, et de fréquenter les mers de l'Inde et de la Chine? *Selden*, pour justifier sa ligne, cite la fameuse bulle du pape Alexandre VI. Mais observons que cette bulle trace une ligne droite d'un pôle à l'autre, non pour régler la navigation, non pour partager le domaine de la mer, mais pour déterminer les conquêtes continentales, ou, pour mieux dire, les usurpations des Portugais et des Espagnols en Amérique et en Asie. La bulle établit idéalement sa ligne à cent lieues en mer à l'ouest des Açores et des îles du cap Verd ; mais cette ligne était si incertaine, qu'elle causa les plus vives discussions entre l'Espagne et le Portugal : elle ne put jamais être déterminée ; on ne put pas même s'accorder sur les cartes qui devaient servir à cet effet. On fit plusieurs traités provisoires qui demeurèrent sans effet ; et la question, après avoir causé plusieurs ruptures, ne fut définitivement décidée qu'en 1777, sous la médiation de la France, sans aucun égard à la fameuse ligne de démarcation (1). Mais, enfin, peut-on sup-

____

(1) Cette discussion est amplement exposée dans mes *Institutions* du droit de la nature et des gens. Liv. 11, chap. 11.

poser les nations assez aveugles ou assez im-
prudentes pour consentir au partage dont il
s'agit ? et si cela était, quelle serait la nature
de ce partage ? Traçons dans tous les sens
possibles des lignes, des triangles ; partageons
la mer en carrés, comme on partageroit un
terrain sur terre ferme ; distribuons tous ces
carrés entre toutes les nations qui fréquentent la mer : quel sera le résultat de cette
grande opération géométrique ? quel avantage procurera-t-elle aux puissances copar-
tageantes ? quel en sera l'effet sur la tranquillité générale ? — Toutes ces questions
n'exigent pas plus de réponses que l'hypothèse
qui en est l'objet, ou plutôt elles en donnent
la solution.

Mais, observe *Selden*, il faut mettre à l'é-
cart la fluidité de la mer, c'est-à-dire, toute
la masse d'eau qui la compose, et n'en considérer que le lit ou fond, qui est immobile ;
selon lui c'est proprement sur ce fond que
porte le domaine privé, et non sur la surface ;
qu'il en est ainsi des fleuves et des rivières
plus fluides que la mer, par leur pente naturelle vers celle-ci. Nous pourrions passer sous
silence cette proposition, comme inutile,
comme une pure abstraction ; cependant nous

croyons devoir la discuter , non à cause de son importance, mais à cause de sa singularité, et surtout en considération de la célébrité de son auteur ; on sait jusqu'à quel point le prestige du nom en produit souvent à l'égard des choses , et combien on est facile à adopter des paradoxes parce que tel ou tel écrivain les a enfantés. D'ailleurs la proposition de *Selden* est à ses yeux un argument irrésistible en faveur de ses lignes.

Nous commençons par observer que l'assimilation de la pleine mer aux fleuves et aux rivières , est inadmissible ; en effet, il suffit d'ouvrir les yeux pour être convaincu que les fleuves et les rivières sont susceptibles de travaux impraticables sur mer, et qui exigent le secours de la terre , tels que des ponts , des digues, des moulins , des canaux d'irrigation, etc. D'ailleurs, le lit des fleuves est tracé à travers les terres et contenu par elles ; de plus, le cours peut être déplacé non seulement par la nature , mais aussi par la main de l'homme. Ainsi , comme dit *Grotius* , les fleuves sont *res terminata*, ils peuvent être protégés ; par conséquent leur lit ne peut point être considéré comme *res nullius* ou *res communis ;* il est au contraire par sa situation la propriété, soit de la nation ou du fisc, soit des possesseurs des terres adjacentes. D'ailleurs les rivières sont inaccessibles pour les étrangers, parce que l'entrée peut en être défendue.

Au reste, pour lever toutes les difficultés, nous placerons les fleuves sur la même ligne que les parties de la mer voisines des côtes : or, il est établi généralement que ces parties, jusqu'à une certaine distance, sont censées en faire partie (1). Ainsi, en ne considérant les fleuves que sous ce dernier point de vue, il est évident qu'ils font partie du domaine public ou privé, et qu'il est parfaitement inutile de distinguer le lit d'avec sa surface qui est l'eau. Revenons à la proposition de *Selden*.

Pour s'approprier une chose, il ne suffit point de la désigner, d'en déterminer le gisement, l'avoir dans sa pensée ; il faut aussi pouvoir la saisir, l'occuper, s'y maintenir ; il faut *occupatio, possessio continua et animus retinendi ;* peut-on remplir ces conditions à l'égard du fond de la mer ? com-

---

(1) *Voyez* la note p. 1.

ment ferez-vous pour y parvenir, pour y faire des actes possessoires ? Vous voudrez assurer votre propriété foncière à l'aide d'une surface qui lui est contiguë, mais non inhérente, qui est chose commune ; ensuite vous réclamerez cette surface comme identique avec votre fond. Mais comment opérerez-vous sur un élément fluide, incohérent, changeant sans cesse de place, et entraînant tout ce qu'il rencontre ? et cette petite difficulté levée, à quel titre vous approprierez-vous la surface ? Parce qu'elle est, direz-vous, sur votre fond ; mais prenez garde qu'il n'y a aucune homogénéité entre l'eau et votre fond solide et rocailleux, qu'elle ne peut point être considérée comme un produit de ce fond, ni comme une épave ; elle compose un élément spécifiquement distinct ; il y a contiguité avec le fond, mais non cohérence ; l'eau n'est pas plus fixée sur votre fond que l'air ne l'est sur toute la convexité du globe ; telle ou telle partie d'eau ne se trouve pas constamment sur votre fond, elle est constamment remplacée, tandis que le fond demeure en place. Votre droit suivra-t-il ces parties fugitives qui composent la surface de la mer ? Dans ce cas, en les suivant, vous finiriez par être le propriétaire universel de l'Océan, vous le parcourrez, le protégerez, monté sur la chimère.

L'eau de la mer, comme il a déjà été observé, peut être comparée à l'air : ces deux élémens sont également fluides, contigus à la terre, toujours en mouvement et toujours déplacés. Dira-t-on que l'aréonaute traversant l'air en ballon, qui est une espèce de vaisseau, quoiqu'il ne soit ni mâté, ni armé, peut faire des actes possessoires sur les terres, soit communes, soit délaissées, au-dessus desquelles il passera ? non. Il descendra, s'arrêtera, se fixera ; en un mot, il fera des actes possessoires sur le fond même au-dessus duquel il avait plané : ces actes, il n'aurait certainement point pu les faire aussi long-temps qu'il serait demeuré suspendu en l'air, quand même il eût tracé des lignes idéales, des triangles, qu'il eût bien déterminé la longitude et la latitude des terrains qu'il aurait convoités ; et sa convoitise aurait du moins un but utile, car il pourrait se procurer une habitation et des moyens de subsistance ; il ne changerait pas le *medium*, sans lequel il ne saurait vivre. Le navigateur demeurera-t-il, vivra-t-il sous l'eau ? y bâtira-t-il ? y trouvera-t-il sa subsistance ?

Prenons maintenant l'inverse de l'hypothèse que nous venons de discuter; examinons les droits que le propriétaire d'un terrain a sur la colonne d'air placée au-dessus : a-t-il le domaine de cette masse d'air? Il est certain qu'il n'a que la faculté exclusive de la déplacer en élevant des bâtimens dans l'espace qu'elle occupe; il ne peut point en interdire la jouissance : les hommes y peuvent passer aussi librement que les nuages. En tout cas, comment s'y prendrait-il pour intercepter le passage? Appliquons ces vérités à l'eau de la mer. Elle porte, comme l'air, sur un fond solide, et elle en forme la surface; or, sauf la pesanteur, l'eau est un fluide mobile comme l'air : ainsi, les rapports de l'un et de l'autre avec le fond qu'ils touchent, sont les mêmes; par conséquent l'eau de la mer, en supposant même le fond une propriété privée, est aussi libre que l'air, et l'usucapion de l'un de ces élémens n'est pas plus possible que celle de l'autre; et quand même la possibilité existerait, la partie utile entraînerait la partie inerte ou stérile : c'est ainsi que la terre commanderait à l'air, et que l'eau commande à la terre qui lui sert de lit. Construisez un édifice sur le fond de la mer; élevez-le au-dessus de l'eau autant que vous le pourrez, et tout le monde le respectera comme votre propriété.

Selden lui même semble rendre hommage aux vérités qui viennent d'être établies, lorsqu'il dit que la propriété du fond de la mer ne gênerait pas la libre navigation ; que les nations en jouiraient par concession, comme elles en jouissent en vertu d'un droit propre établi par la nature : c'est ainsi qu'il existe des servitudes sur terre. Mais, dans ce cas, à quoi bon changer de titre, dès que les choses mêmes ne doivent point changer ? A quoi bon abandonner un titre positif, indépendant de tout pouvoir humain, pour un titre imaginaire émané de la volonté d'autrui ? Sans doute, jamais les nations ne consentiront à un échange aussi bizarre ; elles jouissent par elles-mêmes (*jure proprio*) des avantages de la navigation ; et si , par impossible, quelque puissance acquérait le fond, elles continueraient de jouir librement de la surface , sans avoir besoin de concession. Voilà le *nec plus ultra* du domaine maritime de *Selden*, de ses lignes et de ses triangles.

Notre auteur, pour soutenir son système, va jusqu'à appliquer à la mer tous les principes relatifs à la propriété : c'est ainsi qu'il avance que le domaine privé de la mer peut être légitimement acquis à titre de premier occupant, de même que par la prescription ; que c'est par l'effet de ce principe que les îles nouvelles deviennent des propriétés privées. Avant de discuter sur ces deux points la question de droit, arrêtons-nous au fait. Nous ne connoissons aucune partie de la vaste étendue de l'Océan qui soit le domaine exclusif de telle ou telle nation, soit comme premier occupant, soit à titre de prescription, soit à titre de conquête ; nous n'en connoissons également aucune que les Européens ne fréquentent librement, ou qu'ils n'aient la faculté de fréquenter. Il s'agit, je le répète, de la haute mer, et non des golfes, des rades, des hâvres, en un mot des eaux qui sont censées faire partie des côtes qu'elles baignent ; et encore ces eaux ne sont-elles point un domaine privé par l'effet de la prescription ou de l'abandon, mais en vertu de la jurisprudence générale qui attribue au souverain de la côte la mer adjacente, parce qu'il peut la protéger d'une manière permanente. Quant aux îles nouvellement formées, elles deviennent, dit

43

Selden, la propriété du premier occupant (1), quoiqu'elles appartiennent au fond de la mer. Mais une réflexion bien simple suffira, je pense, pour briser cette arme victorieuse. Une île, dès qu'elle se montre au-dessus de la surface de l'eau, cesse de faire partie du fond, comme lit de la mer, et elle n'a rien de commun avec la mer, puisqu'elle n'est plus submergée par les vagues ; elle est fixe (*terminata*) ; elle forme un corps solide ; elle a des bornes certaines ; elle est susceptible d'habitation, de culture et d'une possession réelle et permanente ; elle peut donc être assujétie à toutes les lois de la propriété, dont elle prend le caractère : celles qui n'offriraient pas toutes ces conditions, ne tenteraient sans doute la convoitise d'aucune puissance. Passons à la question de droit.

Une faculté n'est jamais présumée détruite par la simple non-jouissance ; il faut des faits pour constater non l'abandon, mais la renonciation au moins présumée : telles sont les

----

(1) Cette assertion est inexacte. Les îles nouvelles, si elles sont dans les eaux d'un état, lui appartiennent de droit. Les seules îles qui se forment en pleine mer deviennent la propriété du premier occupant.

dispositions de la loi civile comme celles du droit des gens. Le droit de naviguer et de pêcher est facultatif; ainsi, selon le droit civil, on ne peut point le perdre par la non-jouissance; à plus forte raison, les choses sont-elles ainsi entre les nations qui ne connoissent d'autres lois que celles que leur prescrivent la raison naturelle et leurs conventions. Ceci posé, que devient le droit du premier occupant? comment peut s'opérer la prescription? Partout où la mer est libre, c'est-à-dire, partout où elle ne fait pas partie des côtes, elle est assujétie au droit facultatif des nations, et vous ne pouvez point vous l'approprier par les raisons qui ont été développées plus haut; ainsi vous ne pouvez point exercer le droit de premier occupant. Quant à la prescription, elle n'existe ni ne peut exister de nation à nation; elle a sa source dans la loi civile; or, les nations ne connaissent ni cette loi, ni d'autorité qui pourrait la faire respecter : leur législateur commun, c'est la raison naturelle. Mais où est le juge légal institué pour faire obéir une nation injuste? Il n'en est point d'autre que la force; elle est le juge décisif entre les nations, tant que dure sa prépondérance; mais le droit d'appel n'est soumis ni à la surannation, ni à aucune espèce de fin de non-recevoir. Quoi qu'il en soit, pour prescrire il faut posséder; et comment posséder en pleine mer? On ne peut y placer ni croix, ni poteau, ni inscription, comme on le pratique sur les terres qu'on prétend s'approprier. Ainsi, en admettant même le rêve de la propriété du fond, on ne pourroit faire aucun acte, ni établir le moindre signe permanent, je ne dis pas pour l'assurer, mais simplement pour l'indiquer. Si les nations se soumettent volontairement à reconnaître le domaine dont il s'agit, d'après des lignes idéales, sans doute tout raisonnement cesse, sinon sur la sagesse et l'utilité d'une pareille soumission, du moins sur sa force obligatoire: *volenti non fit injuria.*

Enfin *Selden*, pour écarter toutes les difficultés qui contrarient son système, soutient que c'est la terre qui borne l'Océan et non l'Océan la terre, et de là il conclut que l'Océan est *res terminata*, et par conséquent susceptible du domaine privé comme tous les objets qui ont des bornes déterminées. Cette question nous paroît indifférente en elle-même, car elle n'influe d'aucune manière sur la nature de la mer; en effet il est indifférent que la mer borne ou soit bornée, comme il est indifférent (cette comparaison est de *Selden*) qu'un corps sphérique, nageant dans un fluide, soit borné par ce fluide ou qu'il le borne. Mais notre auteur a cru devoir combattre *Grotius* qui a avancé que la mer est *res interminata*. L'a-t-il fait avec succès? Le lecteur en jugera d'après les observations suivantes.

Sans contredit la mer et la terre sont contiguës, mais il n'en est pas moins vrai que l'Océan., considéré dans son ensemble, a autant et peut-être même plus d'étendue que la terre, qui environne celle-ci de toutes parts, qu'il en forme la ceinture (*cingulus*) comme disaient les anciens, qu'il presse la terre et que la terre ne saurait le presser. Or, est-il naturel de dire que la chose environnante a pour limite la chose environnée? L'eau renfermée dans un vase est-elle la limite du vase? L'espace renfermé dans un cercle a-t-il jamais été considéré comme la borne de ce cercle? Ajoutons que l'extension des eaux de la mer est variable, ainsi que le prouvent les mouvemens du flux et reflux; et elle abandonne souvent son lit dans une contrée, tandis qu'elle s'en creuse un dans une autre. Où donc est la certitude, la fixité, l'immuabilité de ses bornes ? Ainsi, disons avec *Grotius*, que les bornes de la mer sont indéterminées. Il en est de même de tous les fleuves ; quoiqu'ayant un lit marqué, il n'en est aucun qni ne soit exposé à déborder. Nous nous bornons à citer les fameux débordemens du Nil, auxquels les montagnes seules opposent une barrière. Sans doute ceux des fleuves de l'Europe n'ont pas la même régularité, et ne procurent pas les mêmes avantages ; mais il n'en est pas moins vrai qu'il est impossible, à moins de travaux qu'aucun état n'entreprendra, de leur assigner des bornes fixes et invariables. Ajoutons que selon l'usage général les fleuves sont assignés comme bornes des héritages voisins, et non ceux-ci comme bornes des fleuves ; pourquoi en serait-il autrement à l'égard de l'Océan ? et où seraient ses bornes autour des deux pôles ? Terminons tous ces points de discussion par les observations suivantes qui en sont le résumé.

On ne peut acquérir la propriété ni par la simple pensée, ni par des actes passagers, unilatéraux, et encore moins par la violence ; ainsi celle de la mer ne saurait s'effectuer par des ordonnances, des réglemens, des diplômes, des instructions ; il est nécessaire de recourir à la force ; il faut donc des vaisseaux armés. Ces vaisseaux, on les placera en travers de la portion de mer qu'on prétendra acquérir, et là on fera une proclamation solemnelle semblable aux épousailles du doge de Venise. Mais il y aura dans ce grand acte de prise de possession, si la tempête ne la trouble pas, il y aura un vice radical ; car on ne peut acquérir par une vaine cérémonie ni titre, ni droit : ainsi point de possession ; donc point de prescription. D'ailleurs un vaisseau de guerre n'occupe réellement que la colonne d'eau sur laquelle il est placé, et par extension celleque son canon peut atteindre ; tant qu'il est stationnaire, il peut disposer en maître suprême de tout cet espace, et on ne saurait le déplacer sans lui faire injure. Mais cet empire momentané s'évanouit à l'instant même où le vaisseau quitte sa station, soit volontairement, soit par la force des élémens, et l'espace qu'il vient de quitter redevient libre.

Telle est la nature des choses communes, et tels sont les principes relativement à l'onde fugitive de l'Océan ; et qu'on ne les regarde point comme arbitraires ou comme le produit d'une imagination égarée par des idées abstraites de liberté; car il suffit de contempler la mer sans prévention pour être convaincu de leur réalité, c'est-à-dire, pour être forcé de convenir qu'on ne peut occuper momentané ment que les vagues de la mer, et nullement le fond qui demeure immobile, et auquel on peut, au plus, atteindre avec une sonde ou en plongeant. C'est pourtant ainsi qu'on croit acquérir ce même fond; dans ce cas un pêcheur avec sa ligne, ses filets ou son esquif, pourrait acquérir le domaine de la mer tout aussi valablement que toutes les flottes du monde. On ne pourrait du moins pas lui reprocher d'avoir employé la force pour faire et pour assurer sa conquête.

Mais, dira-t-on, le domaine de la mer peut être acquis par des conventions; donc il peut exister. Avant de répondre, je crois devoir rapporter ce que dit très-succinctement à ce sujet Montesquieu (1) :

« Un peuple peut céder à un autre la mer, » comme il peut céder la terre. Les Cartha- » ginois exigèrent des Romains qu'ils ne na- » vigueraient pas au-delà de certaines limites, » comme les Grecs avaient exigé du roi de

____

(1) Esprit des Lois, liv. 21, ch. 21.

» Perse qu'il se tiendrait toujours éloigné des
» côtes de la mer de la carrière d'un cheval ».

On voit que l'auteur met en thèse qu'un
peuple peut céder à un autre la mer. Si, avant
de prononcer ce jugement, il fût remonté un
degré plus haut, et se fût demandé de quel
droit cette cession, il serait probablement arrivé à cette vérité première : que la mer est
à l'usage de tous, et n'appartient à personne;
et de là il aurait sans doute conclu qu'un
peuple ne peut point céder ce qui ne lui appartient pas, mais qu'il peut renoncer à son
usage en faveur d'un autre peuple. Cette conclusion aurait été d'accord avec le principe,
et même avec les deux exemples que Montesquieu rapporte. Les Carthaginois et les
Romains étoient des ennemis implacables;
mais ils ne pouvaient s'atteindre que par la
mer, c'est-à-dire qu'à l'aide de leurs flottes.
Or, les flottes rendant une armée très-mobile,
facilitaient les surprises et exposaient la navigation carthaginoise à être constamment
troublée. Il était donc naturel que le vainqueur, pour se garantir contre ces inconvéniens, profitât de ses avantages pour se procurer toute la sécurité qui pouvait dépendre
de lui. Or, cette sécurité, les Carthaginois la

placèrent dans l'engagement exigé des Romains, recevant la loi, de ne point dépasser
certaines limites. Assurément ceux-ci ne donnèrent point par-là à leur ennemi l'empire
des mers ; ils renoncèrent seulement à l'usage
de cet élément dans des parages déterminés ,
et qui probablement étaient près des côtes de
la Sicile. En temps de paix, la mesure était
peu importante pour les Romains, parce que ,
comme dit Montesquieu , ils faisaient peu
d'estime de la marine, et ne jalousaient point
le commerce. La même remarque est applicable au fait du roi de Perse : nous croyons
seulement devoir y ajouter que , comme il
n'est question que des côtes, l'exemple n'est
point applicable à la pleine mer. Mettons donc
à l'écart ce que dit *Montesquieu* , et voyons
sous quel autre rapport le domaine privé de
la mer peut devenir l'objet d'une convention.
De quelque manière qu'on retourne la question , il est impossible de trouver même le
plus léger prétexte d'une cession, parce que ,
comme nous l'avons remarqué plus haut, on
ne peut céder que ce que l'on possède ; or ,
personne, ni peuple, ni individu, ne possède
la mer : donc personne ne peut en faire la
cession. Tous en jouissent, et tous peuvent

renoncer à la jouissance, soit purement et simplement, soit pour la tranquillité d'autrui. C'est là la seule matière à convention que puisse offrir la mer. Toutefois nous convenons que si toutes les nations se mettaient à l'unisson pour investir une seule de l'empire maritime, c'est-à-dire de la jouissance exclusive des mers, avec le droit d'en expulser les autres, cela équivaudrait au domaine le plus absolu et le plus illimité, et qu'alors la doctrine de *Selden* recevrait son complément : mais il faut attendre cet évènement pour le juger, et surtout pour y croire.

Telles sont les observations préliminaires que nous avons jugées propres à établir la liberté de la mer ; nous croyons devoir les terminer par les réflexions suivantes, qui en sont le résumé.

Selon *Selden* et ses adhérens, tels que *Welwood*, *Burgus*, *Bynkershoek*, etc., l'Océan est, par sa nature même, susceptible du domaine privé, c'est-à-dire d'être occupé, conservé, possédé exclusivement, et d'une manière permanente ; la prescription peut avoir lieu, et l'assentiment des autres nations n'est pas plus requis que lorsqu'on occupe une contrée déserte ; enfin, la seule utilité suffit pour faire une pareille acquisition.

Comment est-il donc arrivé que depuis le cours de tant de siècles, à travers tant de révolutions, nous ne voyions aucune partie de l'Océan offrir d'exemple qui justifie la doctrine que je combats, que toutes les mers sont encore libres? On ne dira point que cet élément a dû échapper à la convoitise des conquérans; non : la seule chose qui leur ait échappé, c'est la pensée qu'il pût être domté, saisi, conservé. On ne dira point non plus que l'usage de la mer, comme ses avantages, aient été étrangers soit aux Grecs, soit aux Romains : cependant aucun fait, aucune loi, aucun monument n'atteste leur empire exclusif; et cependant rien ne gênait, à cet égard, les Romains, maîtres absolus de l'Asie, des côtes de l'Afrique, de l'Égypte, de tout l'ouest de l'Europe jusqu'aux îles Britanniques. On ne citera sans doute pas, comme preuves historiques, les exagérations, les adulations des courtisans et des poètes, non plus que les interprétations que des commentateurs ont données à quelques lois du Digeste (1). Dans l'histoire moderne, nous ne

____

(1) *Mari, quod naturâ omnibus patet, servitus*

voyons que trois états auxquels on ait attribué le prétendu domaine privé de quelques parties de la mer, savoir, la Grande-Bretagne, Gênes et Venise. Les deux républiques ont disparu avec leur domaine imaginaire. Quant à l'Angleterre, sa puissance maritime a pris des accroissemens successifs ; elle est prépondérante sur l'Océan. Cependant, malgré tous les droits que lui ont attribués ses écrivains, il n'existe aucune portion de l'Océan sur laquelle son domaine privé ait jamais été, je ne veux pas dire reconnu, mais même établi de fait ou de droit, malgré les patentes de ses amiraux. Toutefois, les prétentions qu'on lui suppose à cet égard, et l'importance qu'on a mise au plaidoyer de *Selden*, nous autorisent à penser qu'il peut être utile de prendre sous œuvre la doctrine de cet écrivain. C'est là l'objet du supplément.

----

imponi privatâ lege non potest. D. liv. 8, tit. 4.

Cette loi n'est pas équivoque, et les patrons du domaine maritime se sont bien gardés d'en faire l'application.

SECONDE PARTIE.

De la Mer en temps de Guerre.

CHAPITRE PREMIER.

Considérations générales.

§ Ier.

La question concernant la liberté des mers, en temps de guerre, est trop importante pour qu'on ne cherche point à l'approfondir, et à essayer de la fixer sur des bases invariables. On sentira d'autant plus la nécessité de porter le jour dans ce dédale obscur, si l'on considère que dans tous les temps la pratique a offert sur cette matière une grande diversité dans la conduite, dans les engagemens comme dans la jurisprudence des puissances maritimes ; et toutes prétendent se justifier par les principes du droit des gens, quoiqu'il soit probable qu'elles n'ont consulté que leur intérêt personnel, leurs vues politiques ou les circonstances du moment.

§ II.

Cependant il est des règles précises qui doivent diriger les procédés des nations entr'elles. Quelle que puisse être leur politique, elles ont des devoirs mutuels à remplir ; et ces devoirs sont d'autant plus importans, que le maintien de la tranquillité générale et même l'existence des nations en dépendent. L'avarice, l'ambition, la prépotence peuvent méconnaître ces devoirs ; mais elles ne sauraient les détruire.

§ III.

C'est dans le droit des gens originel, c'est-à-dire dans la raison naturelle que sont tracés ces mêmes devoirs : elle est la loi suprême des nations ; c'est elle qui prononce sur la justice ou l'injustice des actions humaines ; c'est aussi dans cette source et dans cette source seule que j'ai puisé la doctrine que je me suis proposé d'établir. Les conséquences qui en résultent serviront à

apprécier d'un côté les exigeances des puissances en guerre ; de l'autre, les droits que
les neutres sont autorisés à réclamer. Dans
le développement des principes, je ferai abstraction de la pratique comme des traités,
de même que de l'opinion des auteurs. Ce
que j'en dirai ne servira qu'à en faire le pa-
rallèle avec les principes positifs que j'aurai
établis, et à indiquer la déviation qu'ils présentent. Ce n'est pas que je ne sente tout
le poids des faits et de l'autorité des écrivains qui les préconisent et les consacrent :
mais, d'un côté, les faits que nous présentent-
ils autre chose, que versatilité et contradic-
tions ; que prépotence d'une part, et soumission ou faiblesse de l'autre ; que des
traités conclus, altérés ou violés, selon l'intérêt du moment ? Un seul regard sur l'histoire maritime de l'Europe, mettra dans tout
son jour cette affligeante vérité. D'un autre
côté, les écrivains, qui ne puisent leur doctrine que dans les faits, c'est-à-dire qui veulent établir un droit des gens coutumier ou
conventionnel, doivent être consultés avec
une extrême circonspection : car il est permis de les soupçonner de partialité, je veux
dire de n'avoir d'autre intention que de sou-

tenir le système particulier de quelque puissance ; ils sont forcés de plier les principes à la cause qu'ils cherchent à défendre. Ainsi, en les considérant comme autorité , on s'expose au danger de s'égarer avec eux ; et ce danger est d'une bien grande importance dans la matière que je traite (1).

____

(1) Est-il un exemple plus frappant que celui qu'offrent *Selden*, *Welwood*, *Vattel*, et avant eux *Albericus Gentilis?* Je puis ajouter M. *Jenkinson*, comte de Liverpool, dont je discuterai l'opinion plus bas. *Welwood* va jusqu'à dire que c'est par avarice et pour fomenter la guerre qu'on soutient le système de la liberté de la mer.

CHAPITRE II.

L'indépendance réciproque des nations est le fondement du droit des gens.

§ Ier.

Le principe primordial et incontestable du droit des gens, est que les nations sont indépendantes les unes des autres, et que leur conservation est le premier de leurs droits, comme il est celui de l'homme de la nature. Ce droit est commun à toutes ; ainsi le premier soin de toutes est leur conservation respective : c'est là le fondement du droit des gens, qui est la règle commune des rapports de nation à nation. C'est donc dans cette source primitive qu'il faut puiser la solution du problême proposé.

§ II.

Les droits inhérens à l'indépendance autorisent une nation à pourvoir à sa sûreté, à son bien-être, à son bonheur, à n'avoir de loi à recevoir que d'elle-même, à repousser toute atteinte qu'on voudrait donner à cette absolue liberté. Ses devoirs sont de respecter dans les autres nations les mêmes droits qu'elle réclame pour son propre compte. Cette réciprocité, qui modifie les principes considérés isolément, est le fondement et la règle invariable des rapports qui se sont établis entre les différentes sociétés politiques : elle maintient la paix et la concorde entr'elles ; et sa violation établit l'état de guerre, qui est la dissolution de l'ordre social. Tel est en peu de mots le résumé de ce qu'on nomme droit des gens. La source de ce droit est dans la raison naturelle ; et son application date de l'époque où les hommes, fatigués de vivre isolés, se réunirent et formèrent des sociétés particulières. La propriété a été le premier mobile et le premier objet de ces associations : car c'est pour la défendre, c'est pour repousser tout envahissement, que les hommes composant la même société, ont réuni leurs volontés et leurs forces. La plus précieuse de leurs propriétés, celle qui est la base de toutes les autres, celle sans laquelle il n'y aurait point de nation, c'est l'indépendance.

CHAPITRE III.

Application des principes du droit des gens à la mer.

§ Ier.

L'INDÉPENDANCE dont chaque nation jouit en dedans de ses limites, elle la conserve sur l'océan, parce que cet élément est *libre* (1). L'effet de cette liberté est : que la mer n'est le domaine de personne ; qu'elle est commune à toutes les nations ; que toutes y ont un droit égal ; que toutes peuvent en user avec une pleine et absolue liberté, et que cette liberté ne saurait être gênée sans porter atteinte à leur indépendance. Au reste, le lecteur sentira lui-même, que l'usage doit être inoffensif ; qu'il ne doit porter aucune atteinte au droit de propre conservation.

§ II.

Cette doctrine, fondée sur les premières

____

(1) *Voyez* la première partie.

notions de la raison naturelle, qui constitue
le code universel, a sa pleine exécution en
temps de paix. Tous les peuples voisins de la
mer y naviguent sans qu'aucun puisse y mettre
la moindre entrave ; et c'est pour prévenir
toute méprise et tout attentat à cet égard,
qu'on a introduit les pavillons. Chaque nation
qui fréquente la mer a le sien ; il indique la
propriété du vaisseau, et en assure l'indépendance : c'est ce qu'on appelle communément
immunité des pavillons. Le vaisseau qui a arboré le sien, est hors de toute juridiction
étrangère ; il a la jouissance absolue et exclusive de la place qu'il occupe ; il est la maison
de l'équipage qui le monte ; personne n'a le
droit d'y pénétrer ; en un mot, le lieu où il
s'arrête, est censé être transitoirement le domaine du souverain dont il porte les couleurs ;
et la police s'y fait en son nom. Si l'on considère l'isolement où se trouve un navire voguant en pleine mer, on est pénétré de la
nécessité d'établir les principes les plus précis
et les plus sévères pour le garantir contre
toute atteinte à sa liberté et à sa sûreté. Le
moindre relâchement à cet égard cause du
trouble, des discussions, alimente l'avidité,
ouvre la porte aux prétentions, à une juris-

prudence arbitraire, à laquelle la puissance donne plus ou moins de force, selon sa convenance. On peut se convaincre de cette vérité en examinant les entraves qu'éprouve la navigation des neutres : elles sont le résultat nécessaire de la versatilité et de la diversité des règles que suivent arbitrairement les puissances belligérantes, sous le prétexte exagéré de leur conservation.

CHAPITRE IV.

*Première exception en temps de guerre, re-
lativement aux puissances belligérantes.*

§ Ier.

L'IMMUNITÉ absolue établie plus haut éprouve
des modifications en temps de guerre.

Toute l'étendue du vaste océan qui environne le globe, offre aux nations en guerre
un champ de bataille ; elles se poursuivent,
s'attaquent, se détruisent partout où elles
peuvent se rencontrer sur cet immense élément. La plus légère querelle en Europe teint
de sang toutes les mers ; la convenance seule
fait respecter les eaux neutres.

CHAPITRE V.

Seconde exception, relativement aux neutres.

§ Ier.

QUANT aux neutres, les puissances en guerre leur contestent plus ou moins la liberté de la navigation et du commerce ; elles prétendent la restreindre selon leur propre intérêt, sous le prétexte que les lois de la guerre leur donnent un droit illimité à cet égard ; elles réclament la juridiction (1) sur un élément

-----

(1) *Lamprédi* (navigation des neutres), conteste ce mot ; mais je demande ce que c'est que d'arrêter, saisir, confisquer un navire, et l'adjuger au capteur, si ce n'est pas un véritable acte de juridiction ? si ce n'est pas exercer le *jus coercendi ?* Dire que c'est en vertu des lois de la guerre qu'on arrête, juge, condamne, confisque un vaisseau neutre, c'est mettre le principe à la place de la conséquence : en effet, c'est en vertu des lois de la guerre qu'on se saisit d'un bâtiment neutre, c'est-à-dire qu'on exerce une juri-

qui, de leur propre aveu, n'en est point susceptible, tandis qu'elles la disputent aux nations neutres. Souvent la guerre a pour cause,
ou même pour prétexte, l'incident le plus
léger, une prétention équivoque, l'atteinte
donnée à un droit insignifiant : le moindre
manquement est travesti en injure. Je fais abstraction des guerres provoquées par l'avarice
ou par l'ambition ; il suffit que la guerre existe,
n'importe par quel motif, pour qu'on prétende
avoir le droit de violer arbitrairement, à l'é-
gard des neutres, les droits les plus importans et les plus incontestables, c'est-à-dire,
pour qu'on prétende pouvoir faire légitimement à leurs dépens ce qu'on n'a point voulu
souffrir de la nation contre laquelle on a pris

diction. C'est ainsi qu'un juge connaît des contestations entre particuliers en vertu de l'autorité qui lui
a été déléguée par le souverain. Sans contredit, la
juridiction dont il s'agit est irrégulière ; mais il en
est de même à l'égard de tout ce qui est relatif à
l'état de guerre ; et dès que l'indépendance des neutres est subordonnée à cet état, elle subit nécessairement l'irrégularité de ses procédés ; et il faut juger
les choses d'après le fait, et non d'après le droit qui
est méconnu.

les armes (1). Les neutres réclament contre
de pareilles prétentions ; et c'est ce conflit qui
établit l'état de la question que j'ai entrepris
de discuter. On conçoit qu'il n'est pas question des neutres qui ont renoncé à leurs droits

---

(1) Pour se convaincre de la vérité de ce que nous
disons des prétentions arbitraires des puissances en
guerre, on n'a qu'à lire la convention signée à Londres entre l'Angleterre et les Provinces - Unies, le
22 août 1689 : ces deux puissances venaient de déclarer la guerre à Louis XIV.

Le préambule de la convention porte que pour
causer à l'ennemi commun autant de dommage qu'il
est possible, les deux parties contractantes feront
usage de toutes leurs forces, et disposeront les choses
de manière à interrompre *tout* commerce avec les
sujets du roi T.-C., afin de le priver de toutes choses
servant à la guerre ; et pour d'autant plus sûrement
atteindre ce but, sadite majesté britannique et lesdits
états-généraux ont ordonné à leurs flottes de faire
voile vers les côtes de la France, et de bloquer tous
les ports, anses et rades appartenant au roi T.-C.
L'article II porte ce qui suit : « Et comme plusieurs
» rois, princes et états de l'Europe sont déjà engagés
» dans la guerre contre le roi T.-C., et qu'ils ont
» déjà prohibé ou prohiberont incessamment tout
» commerce avec la France, il est convenu entre
» sadite majesté britannique et lesdits états-généraux,
» que si, durant le cours de cette guerre, les sujets

5.

par des conventions particulières : leur loi est
dans les engagemens qu'ils ont contractés.
Les principes généraux du droit des gens
auxquels *ils* peuvent avoir renoncé, ne les
concernent plus; ainsi, tous ceux que j'établis
leur sont plus ou moins étrangers.

» de quelque autre roi, prince ou état entreprennent
» de trafiquer, ou d'avoir aucun commerce avec les
» sujets du roi T.-C., ou si leurs navires sont ren-
» contrés dans leur passage vers les ports, anses ou
» rades qui sont sous l'obéissance du roi T.-C., les-
» dits navires et les marchandises seront, dans le cas
» susmentionné, attaqués et pris par les capitaines,
» les armateurs ou autres sujets du roi de la Grande-
» Bretagne et des seigneurs états-généraux, et seront
» condamnés comme prises légales par des juges
» compétens ». Article III. « La présente convention
» sera notifiée à tous les états de l'Europe, non en
» guerre avec la France, et on les préviendra que
» si, avant la notification, les vaisseaux de leurs
» sujets sont rencontrés en mer faisant route vers
» les ports ou rades sous l'obéissance du roi T.-C.,
» ils seront forcés par les vaisseaux du roi de la
» Grande-Bretagne et des états-généraux de rétro-
» grader; et si lesdits vaisseaux sont rencontrés ve-
» nant desdits ports chargés de marchandises ou pro-
» ductions de France, ils seront également obligés
» de retourner dans lesdits ports, pour y déposer

§ II.

D'après ces principes, l'égalité de droits et la réciprocité sont la base des procédés entre nations ; ainsi elles ne peuvent se per-

---

» lesdites marchandises , sous peine de confiscation.
» Et si, postérieurement à la notification , lesdits
» vaisseaux sont rencontrés en mer faisant voile vers
» les ports et rades sous l'obéissance du roi T.-C. ou
» venant desdits ports , ils seront saisis et confisqués
» avec leurs chargemens, et considérés comme bonnes
» prises ».

Cette convention est un monument remarquable du despotisme maritime, un abus manifeste des lois de la guerre, une violation révoltante des droits des neutres. Et ce qui frappe surtout est de voir les Hollandais eux-mêmes participer à cet acte de tyrannie, eux qui devaient leur prospérité à la liberté du commerce, et en grande partie aux faveurs que leur accordait la France. (C'est qu'ils étaient sous le joug de Guillaume III.) On doit particulièrement remarquer dans la convention la trace du système de blocus général , par lequel l'Angleterre a, de notre temps , renversé toute la jurisprudence maritime.

Nota. La convention dont il s'agit se trouve dans une collection de traités en trois volumes, imprimée à Londres en 1785.

mettre aucune chose qu'elles ne seroient pas obligées de tolérer contre elles-mêmes ; c'est par cette raison qu'en temps de guerre une nation neutre qui ne veut point y prendre part, doit s'abstenir de tout acte offensif à l'égard d'une des parties belligérantes ; et c'est par une suite de ce principe qu'elle ne doit point donner du secours à l'une au préjudice de l'autre : car elle-même ne le souffrirait point si elle se trouvait dans une pareille conjoncture. Son titre, pour s'y opposer, consiste dans le droit parfait qu'elle a de poursuivre hostilement son ennemi ; c'est s'associer à lui que lui fournir des secours, c'est devenir acteur dans la guerre. Ainsi l'impartialité est un devoir rigoureux pour les neutres ; c'est elle qui caractérise essentiellement la neutralité. Il s'agit donc de bien fixer le sens du mot *impartialité*, ainsi que les obligations qui en dérivent.

CHAPITRE VI.

De l'Impartialité.

L'IMPARTIALITÉ dont j'entends parler est relative à la navigation et au commerce des sujets d'un état neutre avec ceux des puissances en guerre. Quelle est la ligne jusqu'où elle peut s'étendre, et au-delà de laquelle elle disparoît ?

Pour résoudre ce problême, il faut poser pour principe fondamental, que la liberté de la navigation est inhérente à l'indépendance des nations, comme à celle de la mer, qui est *res communis*, et que toutes les modifications qu'on y met sont autant d'exceptions. Or, il est constant que les exceptions, qu'elles soient conventionnelles ou résultantes de la nature des choses, je veux dire du droit de la guerre, sont de droit étroit, et qu'il n'est point permis de les étendre au-delà de leur objet. C'est le danger qui les caractérise.

CHAPITRE VII.

Ce qu'il faut considérer comme dangereux.

§ Ier.

On a généralement établi une exception à l'égard des neutres comme fondée sur le droit des gens, c'est-à-dire, sur le principe de propre conservation ; suivant cette exception, les neutres ne peuvent point faire un commerce *dangereux* en faveur de l'une des nations en guerre ; car ils la mettraient par-là plus ou moins en état de nuire à son ennemi ; ils cesseraient donc d'être impartiaux, par conséquent neutres ; ils commettraient un acte hostile. Mais en quoi consiste le danger ? C'est dans l'application précise de ce mot qu'est le nœud de la difficulté.

§ II.

On prétend que le danger existe lorsque le commerce neutre fournit à un des ennemis

des choses qui servent immédiatement à la
guerre comme instrumens de destruction ;
on met dans cette cathégorie les armes de
toute espèce, et les munitions de guerre ;
ainsi, il n'est point libre à un neutre de fournir ces différens objets. Tel est le droit coutumier ; il est puisé dans la maxime des lois
romaines : *damnum emergens.*

Mais il est permis de penser que c'est plutôt par habitude que par crainte (la chose
considérée en thèse générale) que les gouvernemens tiennent à ce genre de prohibition ;
pour s'en convaincre on n'a qu'à porter les
regards sur tous les états grands et petits :
presque partout on verra des armes , des
fonderies, des fabriques : il n'est pas une
petite cité honorée du titre de république,
qui n'ait son arsenal et son appareil militaire. Faisons le tour de l'Europe par mer,
depuis Archangel ou depuis le fond de la
Baltique jusqu'à l'extrémité de la Méditerranée , et cherchons la puissance obligée de se
procurer hors de chez elle, des canons, des
fusils, des baïonnettes, des hallebardes, des
piques , du salpêtre, des selles, des ceinturons, etc., etc. Fixons-nous aux deux états
qui tiennent le premier rang parmi les puis-

sances maritimes, la France et la Grande-Bretagne. Soutiendra-t-on, de bonne foi, que l'une entravera les opérations militaires de l'autre, en empêchant le commerce neutre de lui fournir des armes? Celle qui serait réduite à une pareille ressource, n'aurait sans doute d'autre parti à prendre que celui de se mettre à la discrétion de son ennemi, et de recevoir la loi de son orgueil ou de sa générosité; car à coup sûr les armes qu'elle pourrait recevoir du dehors, ne lui serviraient guère à relever ses affaires. Et qu'on ne dise point que les états en guerre en trouveraient du jour au lendemain, car elles ne sont nulle part un objet de spéculation commerciale; il faut les commander d'avance. Le nord fournit du cuivre, du fer, etc.; mais où sont les ateliers d'armes, les magasins du commerce? où sont les capitaux nécessaires pour acheter d'avance, et pour faire supporter les hasards de la vente et les risques de la mer? et qu'est-ce que des hallebardes, des piques, armes dont on ne se sert plus; et les selles, les ceinturons, etc.? peuvent-ils entrer dans le calcul d'un état qui veut entreprendre la guerre? J'indique ces détails, parce que je pense qu'on n'en saurait trop dire pour attaquer un préjugé sans objet, un préjugé néanmoins si contraire aux droits des nations, et qui, à chaque guerre maritime, amène des incidens qui, sans des circonstances particulières, occasionneraient à peu près une guerre générale.

§ III.

Au surplus, et cette remarque mérite quelque considération, il est si vrai que la prohibition des armes est sans objet, que rien n'est si rare (si même le cas existe) que de rencontrer des navires neutres qui en recèlent. Et comment feraient-ils pour les charger furtivement? Cependant elles sont le prétexte dont se servent les croiseurs pour exiger la visite, pour fouiller les navires jusqu'à fond de cale, pour mettre en quelque sorte l'équipage à la torture pour en découvrir ; et si, pour son bonheur, le corsaire découvre quelques livres de poudre, ou quelques armes rouillées appartenantes aux gens de l'équipage, il ne lui en faut pas davantage pour regarder le navire comme suspect, pour le saisir, ou au moins pour le rançonner.

§ I V.

Ne craignons donc point de le dire, quelque

positif que puisse être le principe en lui-même considéré abstractivement, quelque générale que soit la coutume, l'application qu'on en fait est un bouleversement gratuit des premières notions du droit des gens, c'est-à-dire qu'il porte atteinte à l'indépendance des nations neutres. Et il est vraiment étonnant que tous les gouvernemens ne s'empressent pas à l'envi de le condamner et proscrire. Ce n'est point un sentiment philanthropique, une théorie abstraite qui m'inspire cette opinion : je la puise, je crois du moins la puiser dans la nature même des choses, et surtout dans l'expérience. D'ailleurs, je ne concevrai jamais que pour écarter quelque obstacle, une incommodité à peu près chimérique, une nation puisse prétendre qu'elle est autorisée à détruire les droits les plus positifs appartenans à toutes, droits qui constituent leur essence, et sans la reconnaissance desquels le monde serait encore dans le chaos, ou au moins dans un état perpétuel de guerre et de brigandage. Quelque latitude qu'on croie pouvoir donner à la politique et à l'intérêt personnel, on doit, sinon être juste, du moins s'abstenir de choses inutiles ; et les gouvernemens en useront ainsi quand ils auront le courage de faire de bonne foi un retour sur eux-mêmes, d'oublier un instant leur puissance et leur grandeur, de mettre à l'écart les maximes d'une politique intéressée et d'autant plus odieuse, qu'elle ne peut réussir que sous l'égide de la force et de la violence : et si cette égide se brise......

Quoi qu'il en soit, le préjugé subsiste, et tous les gouvernemens s'y tiennent rigoureusement : il est consacré dans presque tous les traités de commerce (1) ; ainsi, il faut bien le regarder comme une partie du droit des gens conventionnel ou coutumier (2).

______

(1) Le feu roi de Prusse, Frédéric II, a apprécié à sa juste valeur la prohibition que j'attaque. Ce monarque a stipulé dans son traité de commerce avec les États-Unis (10 septembre 1785), que ni les munitions, ni les armes ne seront considérées comme contrebande, et qu'il sera seulement permis de retenir les navires et les marchandises aussi long-temps qu'il paraîtra convenable à la sûreté de celui qui arrête, mais à la charge d'une juste indemnité. Il est aussi permis au détenteur de garder les marchandises en payant la valeur au prix courant du lieu de la destination.

(2) Il n'y a, selon nous, qu'un seul cas d'exception à tout ce qui vient d'être dit : c'est celui où une rebellion éclate dans un pays. C'est certainement par-

§ V.

On demande si l'argent doit être compris parmi la contrebande de guerre. Le traité signé en 1656 entre l'Angleterre et la Suède en stipule la prohibition ; mais le traité de commerce conclu entre la France et la Grande-

---

ticiper au délit que de fournir des armes et des munitions aux rebelles, parce que n'en ayant pas par eux-mêmes, ils ne pourraient se maintenir sans des secours étrangers ; ainsi le danger qui résulte de ce secours est évident. Il met donc celui qui le cause ou le favorise dans le cas d'être traité comme complice, comme infracteur de la loi des nations. Une discussion de cette nature s'était élevée entre les cours de Versailles et de Londres avant que la guerre d'Amérique éclatât. Le commerce français fournissait clandestinement des armes et des munitions de guerre aux Américains, et les expéditions étaient en grande partie masquées à l'aide des passeports pour les Antilles ou pour Saint-Pierre et Miquelon. Le ministère anglais en porta plainte ; on lui répondit que le gouvernement n'avait aucune part à la conduite des négocians, et que tout ce qu'il pouvait était de défendre et de faire surveiller l'exportation des armes et des munitions de guerre : on ajouta que si les croiseurs anglais parvenaient à saisir sur les côtes de

Bretagne en 1677, déclare formellement libres l'or et l'argent, monnoyés ou non. Je me borne à ces deux exemples, pour prouver qu'il n'existe pas de règle fixe et générale sur cette matière.

Quant au fond de la question, voici comment il peut être envisagé. L'argent en lingot ou monnoyé n'est autre chose qu'un moyen

---

l'Amérique septentrionale des navires français chargés de marchandises prohibées, il ne serait fait aucune réclamation à cet égard. Mais la cour de Londres regarda cette réponse comme évasive; elle supposa de la connivence, et comptant sur la faiblesse qu'elle attribuait au ministère français, elle se permit de faire arrêter et saisir les navires français, non seulement en pleine mer, et dans les parages de nos îles, mais aussi sur nos côtes et à l'embouchure de nos rivières. Il est constant que le commerce clandestin était très-actif. Mais tout ce que les lois maritimes et la coutume générale permettaient à l'Angleterre, consistait dans le droit de saisir les navires français dans les eaux de l'Amérique septentrionale, encore censée alors faire partie du domaine britannique. La conduite arbitraire que tint la cour de Londres, contribua beaucoup à la détermination que prit enfin celle de Versailles de traiter avec les commissaires américains, et de reconnaître l'indépendance de leur pays.

d'échange , le signe représentatif de tous les objets qui entrent dans la circulation du commerce et des consommations : la moindre portion est employée à la guerre. Si la prohibition était fondée, il faudrait l'étendre sur toutes les productions de la nature et de l'industrie ; car les armées ont besoin de tout, et l'argent procure tout. Mais , enfin , vouloir l'intercepter, c'est comme si on voulait intercepter l'air et l'eau , comme si on voulait empêcher le vent de venir de tel ou tel rumb. Cependant je conviens qu'il y a une distinction à faire. Ou l'argent chargé sur un navire neutre appartient à des particuliers, ou bien il appartient au gouvernement ennemi. Dans le premier cas, il est indubitable qu'il doit demeurer libre ; mais, dans le second, la saisie paraît légitime, parce qu'entre les mains du gouvernement l'argent est, comme on dit, le principal nerf de la guerre. Et l'opinion que j'énonce semble ne présenter aucune difficulté, si l'argent vient d'un subside : en effet, ce subside serait même une cause légitime de guerre ; à plus forte raison est-il dans le cas de la confiscation.

CHAPITRE VIII.

Des Munitions navales.

§ Ier.

IL est des gouvernemens qui étendent tellement le systême des prohibitions, qu'ils y comprennent les bois, les chanvres, les cordages, les voiles, le goudron, le cuivre, etc. Tous ces objets sont désignés sous la dénomination de *munitions navales*. Un procédé pareil est-il fondé?

§ II.

Pour résoudre cette question, il faut faire abstraction du rapport qu'elle peut avoir avec les intérêts divers des nations belligérantes, tout comme de celles qui fournissent les objets que je viens d'indiquer; car c'est d'après les principes qu'il s'agit de juger, et non d'après des systêmes puisés dans la convenance et dans l'intérêt personnel, systêmes qui ont

constamment varié, selon l'influence des temps
et des conjonctures politiques.

Il faut également mettre à l'écart les traités,
parce qu'ils ne constituent que le droit, ou
pour mieux dire la règle particulière des états
qui les ont signés.

§ III.

is rappeler ici une vérité que j'ai déjà
..e, savoir : que, d'après les devoirs de
la neutralité, la liberté du commerce éprouve
des restrictions en temps de guerre.

Il s'agit donc uniquement de déterminer
la nature et l'étendue de ces mêmes restrictions.

J'ai également observé que l'impartialité
est un devoir rigoureux pour les nations
neutres. La première obligation qu'elle leur
impose est de tout refuser aux parties belligérantes, ou de les favoriser également, en
un mot, d'avoir un commerce libre avec
elles.

Si nous appliquons cette maxime générale
aux objets dont il est question (on pourrait
également l'appliquer aux armes et aux munitions de guerre), il paraît clair que si une

nation neutre fournit à une des parties belligérantes, exclusivement à l'autre, des bois,
des chanvres, etc., elle manque évidemment,
par cette préférence, aux devoirs que lui impose l'impartialité ; que si, au contraire, elle
en fournit à l'une et à l'autre, ou leur laisse
la liberté d'en acheter, aucune d'elles n'est
en droit de se plaindre : leur convenance
particulière ne saurait entrer en ligne de
compte ; car la convenance est inconnue dans
le code des nations : on ne peut la faire valoir que par la force, la prépotence, ou par
des conventions qui en sont la plupart du
temps la conséquence : mais de telles conventions seraient une atteinte à la neutralité.

§ IV.

Mais, dit-on (et c'est là le grand argument des avocats du système restrictif), en
fournissant à mon ennemi des bois, des cordages, du goudron, du cuivre, etc., vous le
mettez en état de construire des vaisseaux,
de fondre des canons, de fabriquer des fusils,
des épées, etc., et par conséquent de me
nuire ; je suis donc en droit de l'empêcher,
par une suite du principe qui proscrit les
choses dangereuses.

Cette conséquence serait vraie , si l'on pouvait, d'un coup de baguette, transformer des munitions navales en vaisseaux tout construits, tout équipés, tout armés : mais nous ne sommes plus dans le siècle des miracles ; nous n'avons plus ni sorciers, ni enchanteurs ; nous ne croyons plus aux influences surnaturelles; nous ne calculons que la nature des choses ; nous ne disons point : Une chose peut nuire, donc elle nuit. Nous suivons à la lettre une maxime que nous a enseignée *Aristote* et le sens commun : selon cette maxime, *à posse ad actum non fit argumentatio.*

§ V.

Mais raisonnons sérieusement. Le danger est admis à l'égard de tout ce qui peut nuire *immédiatement*, et dans son état actuel : c'est pour cette raison qu'on a imaginé de considérer les armes, même les selles, les brides et les munitions de guerre, comme prohibées. Mais peut-on placer dans cette catégorie des matières premières ? Celles ci, avant de pouvoir être employées même à des usages innocens , exigent une préparation , une main-d'œuvre qui seule peut les tranformer en instrumens de guerre. Il y a certainement une grande différence entre le fer et le cuivre brut, et des canons, des fusils, des sabres, des baïonnettes ; entre un vaisseau de guerre et des bois, du chanvre, du goudron, etc. Il y a de même un grand intervalle entre l'époque du chargement dans un des ports du nord ou de l'Amérique, et celle où les vaisseaux à construire sont en état de combattre. Tous les matériaux que je viens d'indiquer sont des objets ordinaires de commerce : la guerre peut-elle les dénaturer ? Le blé nourrit l'indigent dans sa chaumière : cette denrée doit-elle devenir un objet de proscription générale, parce qu'elle sert également à la subsistance de l'homme de guerre ? Dans ce cas proscrivez la nature entière, si elle vous gêne ; accumulez tous les fléaux pour vider une querelle douteuse, ou pour satisfaire votre avidité.

§ VI.

Pour affaiblir ce qui vient d'être dit, et les inductions qu'on tire des traités, on observe que si, dans la plupart des traités de commerce, les munitions navales sont déclarées libres, ce n'est que par une exception à la règle générale, et que cette exception doit être considérée comme une confirmation de la règle (1). Mais rien n'est plus vicieux que ce raisonnement. La règle générale établit la liberté indéfinie du commerce : c'est la gêne qu'il éprouve en temps de guerre, qui est une exception ; et l'extension arbitraire qu'on prétend donner à celle-ci, n'est fondée que sur la convenance, et non sur les principes. C'est à ce seul titre qu'on classe des matières premières parmi les instrumens de guerre. Et observons que l'extension dont il s'agit, a dans tous les temps éprouvé des variations, selon les intérêts et la position particulière des puissances, selon qu'elle les favorisait ou leur portait préjudice. Pour s'en convaincre on n'a qu'à jeter les yeux sur les nombreuses ordonnances ou déclarations de toutes les puissances maritimes : c'est pour prévenir cette versatilité qu'on énonce des règles précises dans les traités de commerce ; c'est pour fixer la jurisprudence des deux contractans, c'est pour avoir une sorte de ga-

---

(1) C'est la doctrine anglaise.

rantie, et non pour faire des exceptions à une prétendue prohibition qui n'est point reconnue, et qui, considérée en elle-même, est inadmissible. Ceux qui exigent ces stipulations, croient les gouvernemens plus scrupuleux à remplir des engagemens positifs, qu'à respecter les principes du droit des gens : ils ne s'arrêtent point aux restrictions mentales habituelles à la force et à l'intérêt personnel.

§ VII.

Au surplus, les stipulations énoncées dans les traités, quand même on ne les considérerait que comme des exceptions, prouvent visiblement que le danger qu'on exalte tant, n'est point assez imminent pour qu'aucune considération ne permette de le perdre de vue, et qu'en l'invoquant on ne le puise point dans la nature même des choses : les seules conventions du moment l'enfantent ou le font disparaître. Mais ces convenances, on le répète, ne sauraient faire la loi aux neutres; leur droit est incontestable, la seule force peut le détruire ou le modifier malgré eux, et les déterminer à renoncer aux avantages qu'il leur assure. Pour sentir toute l'illusion du danger qu'on exagère tant, on n'a qu'à consulter les traités de commerce, on se convaincra que ce qu'on affecte d'appeler une exception, est si multiplié, que la prétendue règle générale est à peu près anéantie, et que c'est le cas de dire que l'exception absorbe la règle et prend sa place.

§ VIII.

Mais enfin, cette prétendue règle existe si peu, que ceux même qui la soutiennent, sont forcés de convenir qu'elle est moderne, et qu'anciennement les munitions navales étaient d'une nature douteuse (1).

______

(1) Le docteur *Scott*, magistrat célèbre, l'oracle de l'amirauté d'Angleterre, a fait cet aveu dans son rapport sur un convoi snédois protégé par une frégate, et arrêté par des vaisseaux de guerre anglais. Ce magistrat est trop éclairé pour n'avoir pas senti qu'il défendait une cause au moins douteuse ; et en pareille conjoncture, quand on n'est point libre dans son opinion, on puise ses moyens où l'on peut. Le cas était d'autant plus embarrassant, qu'il s'agissait de juger, non l'officier capteur, mais l'amirauté elle-même, qui avait donné des ordres particuliers pour la saisie.

C'est précisément là ce que nous disons ; et il résulte évidemment de là que les traités qui stipulent la liberté des munitions navales, sont conformes au droit commun, c'est-à-dire, aux principes, et que ceux qui en interdisent le commerce ne sont que des exceptions. Dire que l'usage a changé à cet égard, est une erreur : car, d'un côté, à peu près tous les traités modernes prouvent le contraire ; de l'autre, pour établir un usage, il faut l'assentiment général, sinon il ne produit que des obligations particulières et isolées (1).

____

(1) *Valin*, commentateur de l'ordonnance française de 1681, convient également qu'autrefois les munitions navales n'étaient pas contrebande ; mais il affirme qu'elles sont telles depuis le commencement du XVIIIe siècle. On ne sait d'après quelle autorité cet écrivain énonce son opinion particulière d'une manière aussi positive. Pour dénaturer ainsi les choses, pour oblitérer un ancien usage, pour renverser des principes du droit des gens positif, il faut quelque chose de plus que des assertions ; il faut des actes non partiels, mais tels qu'ils puissent être considérés comme faisant partie du droit des gens, soit conventionnel, soit coutumier ; or, le commentateur français ne dit pas un mot ni de l'un, ni de l'autre. S'il eût

§ IX.

L'opinion que je viens d'énoncer est contredite par plusieurs écrivains estimés ; je me bornerai dans ce moment-ci à analyser celle de *Vattel*, (Droit des Gens, liv. III, §§ 3 et 112). J'ai tâché de démêler les raisons sur lesquelles il appuie son sentiment : mais j'avoue que je n'ai trouvé que des considérations vagues et contradictoires. Entre

---

jugé à propos de soumettre son opinion à la critique, il aurait consulté les traités, et les traités l'auraient éclairé et condamné. L'exemple de *Valin* prouve combien il faut être sur ses gardes en écrivant sur des matières qui tiennent aux droits et aux intérêts des nations. Il est presque impossible de ne pas s'égarer si l'on ne pré-établit pas des principes positifs qui servent de pierre de touche aux maximes qu'on veut établir ; il faut que ces maximes, quoique le résultat d'une longue série de raisonnemens, puissent être placées à côté des principes, et qu'elles s'accordent avec eux. C'est ainsi qu'en use le mathématicien dans ses calculs ; il a beau diviser et subdiviser : tous les nombres partiels réunis doivent être égaux au nombre divisé.

Pour être convaincu jusqu'à quel point *Valin* s'est trompé, il suffit de consulter le traité de commerce,

autres assertions, voici ce que je lis : « Quand
» je leur ai notifié (aux nations neutres)
» ma déclaration de guerre à tel ou tel
» peuple, si elles veulent s'exposer à lui
» porter des choses qui servent à la guerre,
» elles n'auront pas sujet de se plaindre, au
» cas que les marchandises tombent dans
» mes mains ; de même que je ne leur dé-
» clare pas la guerre pour avoir tenté de les
» porter. Elles souffrent, il est vrai, d'une
» guerre à laquelle elles n'ont pas de part,

----

conclu en 1674 (ainsi sept années avant l'ordonnance
de 1681), entre l'Angleterre et les Provinces-Unies.
On y excepte nommément des objets de contrebande
toutes espèces de munitions navales. Et postérieurement à la même ordonnance le traité de commerce
entre la France et la Grande-Bretagne, signé à
Utrecht en 1713, les mêmes munitions sont déclarées libres. Ce traité a servi de modèle sur cet objet
à tous les traités de commerce subséquens. L'Angleterre a de même excepté les munitions navales de la
liste des marchandises de contrebande par l'article II
de son traité de commerce conclu avec la Russie
en 1766, et dans une convention signée en 1801
(art. III). Nous bornons là nos citations pour ne pas
fatiguer le lecteur : d'ailleurs elles suffisent pour apprécier la jurisprudence moderne créée par *Valin*.

» mais c'est par accident. Je ne m'oppose
» point à leur droit, j'use seulement du mien;
» et si nos droits se croisent et se nuisent
» réciproquement, c'est par l'effet d'une né-
» cessité inévitable : ce conflit arrive tous les
» jours dans la guerre. Lorsqu'usant de mes
» droits j'épuise un pays d'où vous tirez
» votre subsistance, lorsque j'assiége une
» ville avec laquelle vous faisiez un riche
» commerce, je vous nuis sans doute, je
» vous cause des pertes, des incommodités,
» mais c'est sans dessein de vous nuire ; je
» ne vous fais point injure, puisque j'use
» de mes droits ».

§ X.

A la suite et comme conséquence de ce
raisonnement, *Vattel* parle des marchandises
de contrebande, et il indique comme telles,
outre les armes et les munitions de guerre,
les bois et tout ce qui sert à la construction
et à l'armement des vaisseaux de guerre.

Il n'échappera sûrement point au lecteur,
que notre auteur établit deux droits diamé-
tralement opposés, celui de l'état belligérant
et celui de l'état neutre : par conséquent deux

droits qui ne sauraient être exercés en même temps. Ils ne peuvent donc être conciliés que par la force, c'est-à-dire, que l'un doit anéantir l'autre ; car un droit qui ne peut être exercé, est une chimère, une dérision. Ainsi la doctrine de *Vattel* établit entre la force et le droit, une lutte qui est une source intarissable de discussions, de violences et de guerres.

Pour réduire la proposition à des termes simples, je dis que si la puissance en guerre a le droit d'empêcher telle ou telle chose de la part d'une puissance neutre, celle-ci n'a point le droit de la faire, ou pour mieux dire elle est dans l'obligation de s'en abstenir ; car une chose ne saurait être en même temps licite et illicite eu égard aux mêmes personnes et aux mêmes circonstances. Si quelqu'un a le droit d'entrer dans ma maison, je n'ai point, moi, le droit de l'en empêcher, *et vice versâ*. Nous sommes d'accord que deux nations en paix ne peuvent se nuire sans se faire injure ; mais le terme *nuire*, comme tous les termes génériques, est indéfini ; et il importe à la tranquillité des peuples d'en déterminer, sans subtilités métaphysiques, le sens et l'application ; et c'est ce que *Vattel* n'a pas fait. *Nuire*, selon le droit des gens, suppose un acte contraire à un droit positif : entre nations un pareil acte s'appelle une injure, et il peut devenir un légitime motif de guerre. Si donc une nation en guerre a le droit de m'empêcher de fournir telle ou telle chose à son ennemi, je n'ai certainement point celui de la fournir; et en le faisant, je me rends coupable d'un acte illicite, je commets une injure: si, au contraire, j'ai le droit dont il s'agit, la nation en guerre n'a point celui de s'y opposer : elle ne le peut que par la force et la violence, c'est-à-dire, en me faisant injure (1).

––––––––––

(1) Pour détruire ce raisonnement, on dira peut-être que les puissances belligérantes exercent aussi deux droits contraires ; car l'une et l'autre ont le droit de faire la guerre ; mais ce droit considéré comme facultatif, ne présente aucune contradiction, car en principe il appartient à toutes les nations; on ne pourrait le supposer contradictoire que dans l'application, c'est-à-dire, lorsque deux nations se font la guerre. Mais dans ce cas il n'existe qu'un seul droit, celui de la nation qui fait une guerre juste, soit en attaquant, soit en se défendant. Son adversaire n'exerce point un droit, il en abuse, il le dénature, il ne commet qu'une voie de fait réprouvée par les principes les plus positifs du droit des gens ; en effet, d'après ces prin-

§ XI.

On est bien d'accord sur l'article des armes et des munitions de guerre, parce qu'elles servent immédiatement non seulement pour nuire, mais aussi pour détruire. Ainsi le droit de propre conservation, qui est le premier, le plus impérieux de tous les droits, a du moins un prétexte pour les intercepter, et l'usage général a consacré cette mesure. Mais j'ai déjà observé que ce même rapport n'existe point

---

cipes, le droit de guerre n'a et ne peut avoir d'autre objet, que de faire cesser une injustice. Ainsi il n'est légitimement exercé que par le souverain qui est dans ce dernier cas, ou, pour mieux dire, il n'existe que pour lui; son ennemi en abuse, et, comme je viens de le dire, il n'exerce que des voies de fait dont l'impuissance seule assure l'impunité, mais que les succès ne sauraient légitimer. L'application de ce que je viens de dire au droit des neutres et à celui des nations en guerre, est facile. Si les premiers ont le droit de faire tel ou tel commerce, ceux-ci n'en ont aucun pour l'empêcher, et s'ils l'entreprennent, ils exercent une voie de fait et non un droit légitime. Tel est le véritable état de la question, et ni l'esprit de parti, ni les sophismes les plus subtils ne sauraient le dénaturer.

à l'égard des bois et des autres choses propres à la construction et à l'armement d'un vaisseau de guerre, et j'ai exposé les raisons de la dissidence. J'ajouterai seulement ici pour les fortifier, que les armes et les munitions de guerre sont directement et essentiellement destinées à nuire, c'est-à-dire, à entraver le plein exercice d'un droit positif, et qu'il n'en est point ainsi des munitions navales; donc ces divers objets ne sauraient être confondus, ni classés dans la même catégorie. Si ces munitions étaient aussi dangereuses qu'on affecte de le supposer, si elles étaient véritablement contraires au droit de propre conservation, qui est le fondement de la guerre, il serait insensé d'en stipuler le libre commerce dans des conventions particulières; ainsi ces mêmes conditions démontrent que les contractans ne les considèrent point sous un point de vue aussi alarmant (1).

____

(1) Le traité de commerce conclu entre *Cromwel* et *Charles-Gustave*, roi de Suède (1656), spécifie les objets de contrebande ; il n'y est question que d'instrumens de guerre, toutes les autres marchandises sont déclarées libres. Il est vrai que, par une convention particulière (1658), les munitions navales furent

§ XII.

Quoi qu'il en soit, dès que le droit de les saisir est contesté, les principes de la liberté résultant de l'indépendance conservent toute leur force, et ils doivent servir de règle, à moins qu'on ne soit d'accord que pour les gouvernemens puissans la justice est une affaire de pure opinion ; que leur devoir n'a d'autre mesure que leur intérêt ; qu'avec la force ils peuvent légitimement tout ce qui leur convient ; en un mot, qu'ils ont sur les faibles une juridiction arbitraire, qu'ils n'oseraient point hasarder sur leurs propres sujets, et

---

également déclarées contrebande ; mais il suffit de lire la déclaration pour juger avec quelle hauteur le protecteur imposa alors cette restriction à la Suède. Au surplus, la convention était bornée à la guerre alors subsistante entre l'Espagne et la Grande-Bretagne. D'autres traités stipulèrent la liberté dont il s'agit, savoir : 1° entre la France et l'Angleterre, en 1655, 1677, 1713, 1786 ; 2° entre l'Angleterre et la Hollande, en 1668 et 1674 ; 3° le traité des Pyrénées, en 1659 ; 4° le traité de commerce signé entre la France et la Hollande, en 1713. La liste serait trop longue pour les rapporter tous.

I.

qu'ils seraient bien éloignés de vouloir supporter de la part d'autrui. Ne perdons point de vue cette importante vérité, que tant que l'arbitraire, l'égoïsme, la convenance dirigeront la politique des grands états, l'univers entier sera le théâtre perpétuel et sanglant de troubles, de guerres et d'usurpations.

§ XIII.

Grotius aussi traite cette question. Il distingue trois espèces de choses. Les unes ne servent que pour la guerre, comme les armes; d'autres n'y sont d'aucun usage; d'autres, enfin, seront pour la guerre, comme hors de la guerre : tels sont l'argent, les vivres, les vaisseaux et ce qui y appartient. A l'égard des armes, *Grotius* dit que celui qui en fournit est au nombre de mes ennemis. Les choses inutiles à la guerre ne présentent aucune difficulté. Quant à la troisième espèce, il la qualifie de douteuse ; et voici comment il s'explique : *In tertio genere usus ancipitis distinguendus erit belli status. Nam si tueri me non possum, ni quæ mittuntur intercipiam, necessitas jus dabit, sed sub onere restitutionis, nisi causa alia accedat. Si,*

comme le dit *Grotius*, les vaisseaux mêmes
sont au nombre des choses douteuses, à plus
forte raison faut-il y classer les bois et les autres matériaux qui exigent un travail préliminaire pour pouvoir être employés à la
construction et à l'équipement d'un vaisseau
de guerre. Quant à la loi de la nécessité, il
serait difficile de l'appliquer comme principe
à notre hypothèse. L'utilité, nous l'admettons;
mais elle n'établit que des prétentions, et
non un droit. Toutefois, si la nécessité absolue que suppose *Grotius*, existe, elle ne re-
connoît aucune loi (1) ; mais même, dans ce

____

(1) Je crois devoir entrer ici dans l'examen d'une
question qui est du ressort du droit des gens, mais qu'on
est accoutumé à attribuer exclusivement à la politique : il s'agit d'expliquer le mot *nécessité*. En l'ap-
pliquant à l'intérêt des nations, la nécessité existe
quand une chose affecte directement la propre conservation ; dans ce cas extrême tout doit céder ; tout
engagement, toute obligation cesse. C'est là ce que
nous enseignent les principes primordiaux de la loi
naturelle. Mais si cette nécessité n'est pas évidente,
si l'on abuse du mot pour pallier la simple utilité,
quelque vue politique, ou pour éviter quelque dommage, toute atteinte portée en conséquence à des engagemens serait réprouvée, parce qu'elle léserait les
droits d'un tiers. Cette question est importante pour

cas extrême, *Grotius* n'admet point la confiscation : il faut ou payer, ou restituer ; et cette
remarque est importante : elle prouve que la
confiscation ne résulte point d'un droit, mais
de la seule convenance. Revenons à *Vattel;*
car la meilleure manière de fortifier des principes, est de réfuter ceux qui les attaquent.

Pour appuyer son systême, il parle de pays
ruinés par le dégât, et d'où le neutre est dans
l'habitude de tirer du blé ; de villes assiégées
avec lesquelles il fait un commerce lucratif.
Mais c'est là évidemment confondre des objets essentiellement distincts. Quand un état

les neutres. La liberté de leur navigation et de leur
commerce est fondée ou sur les dispositions du droit
des gens, ou sur des conventions particulières. La
restreindre arbitrairement ou unilatéralement serait
violer un droit positif, et par conséquent la foi publique, qui est le lien des états. Cette conséquence est
surtout vraie lorsqu'il existe des engagemens formels.
Si une puissance peut les rompre d'elle-même, sous
prétexte que la nécessité qu'elle crée l'y autorise, les
traités ne sont plus que des leurres, que des chimères,
et la tranquillité des nations n'a plus d'autre garantie
que le bon plaisir des états puissans ; toute confiance,
toute sûreté est détruite.

Mais, dit-on, lorsque j'ai pris des engagemens, ils

en guerre occupe le pays ennemi, il en est
le maître de fait: il y exerce l'autorité souveraine : c'est là le droit de la guerre ; et le neutre
peut d'autant moins se plaindre du dégât qui
le prive de blé, qu'il ne peut même point
mettre le pied dans ce même pays sans la
permission du conquérant ; car celui-ci a un
droit positif, tandis que le neutre n'a qu'une
faculté précaire, que le souverain dépossédé
lui-même pouvoit lui ôter ; et en citant les
villes assiégées, *Vattel* méconnoît évidemment les droits et les règles les plus certaines
de la guerre. Quand une ville est assiégée,

étaient relatifs à l'ordre de choses alors existant, il
en était une condition tacite ; cet ordre est changé,
donc mes engagemens sont devenus caducs ; car je ne
les aurais pas pris dans ce dernier cas ; c'est là ce qu'on
nomme la *raison d'état*. Si on l'admet indéfiniment,
l'utilité sera l'unique règle de la politique, elle main-
tiendra ou rompra les engagemens, selon la manière
d'envisager les choses. Ainsi, un traité de paix ou
d'alliance, jugé utile dans son principe, sera maintenu
ou violé selon que l'utilité subsistera ou disparaîtra.
Toute la question se réduit à cette proposition : si
l'exécution de vos engagemens met en péril votre conservation, ils cessent ; hors ce cas, et lors même qu'ils
vous causent du dommage, ils doivent être maintenus.

tout le pays environnant occupé par l'assié-
geant est sous sa main; il est sa conquête, au
moins passagère, et il a le droit d'empêcher
qui que ce soit d'y pénétrer, et d'avoir des
communications avec les assiégés; le neutre
n'a ni ne peut avoir un droit contraire, il ne
peut alléguer qu'une simple convenance.

§ XIV.

Il en est tout autrement à l'égard de la mer.
Le droit de naviguer est indépendant de la
volonté d'autrui ; il tient à la nature même de
l'élément ; les nations l'exercent par un droit
propre et non acquis, non par tolérance; et
les restrictions doivent être consenties, ou
résulter des principes mêmes de la loi des nations. Sans l'une de ces deux conditions, elles
ne sont que des actes de violence. En un mot,
la terre est susceptible de propriété, et la
mer non. *Vattel* s'est laissé égarer par sa prédilection pour l'Angleterre ; et c'est à Londres
qu'il a composé et publié son ouvrage.

CHAPITRE IX.

Effets ennemis sous pavillon neutre.

§ I.er

LA troisième restriction que les puissances en guerre prétendent imposer aux neutres, concerne les effets appartenans à l'ennemi. Selon elles, les neutres n'ont point le droit de les charger sur leurs navires, et elles les considèrent comme de bonne prise.

§ II.

Pour appuyer cette prétention, on soutient, d'un côté, qu'un état en guerre peut s'emparer de la propriété de son ennemi partout où il la rencontre (1); de l'autre, qu'on favorise

---

(1) Pour éviter les répétitions, je me borne ici à indiquer les bases de ce premier moyen, parce que je l'examine plus bas où je réfute les opinions de M. *Jenkinson*, de *Bynkershoek*, de *Barbeyrac*, de *Lampradi*, etc.

l'industrie et le commerce de l'ennemi; en se chargeant du transport de ses marchandises; que cette faveur est nuisible, parce qu'elle lui procure des ressources ponr continuer la guerre; que par conséquent le droit de l'empêcher est aussi urgent qu'il est positif. C'est de là qu'est venue l'ancienne maxime: *que robe amie ne sauve point la marchandise ennemie;* et c'est d'après cette même jurisprudence qu'un bâtiment neutre ne peut transporter aucune espèce d'effets de propriété ennemie, n'importe leur origine, leur distination et le lieu de leur chargement; et s'il l'entreprend, il est puni par la confiscation; la présomption est même interprétée contre lui. (*Voyez* § XII.)

§ III.

. Mais cette prétention dénature manifestement le motif comme le but de l'exception indiquée plus haut: en effet, celle-ci ne porte et ne peut porter que sur les objets *servant à la guerre,* parce que ce sont les seuls supposés dangereux; elle ne peut donc, sans le consentement des neutres, rien comprendre au-delà. Si l'extension qu'on prétend lui donner étoit admissible, toute nation neutre qui auroit des relations de commerce, même par terre , avec un des ennemis , ou dont les habitans lui prêteraient de l'argent, serait nécessairement coupable envers l'autre , et celui-ci, faute de pouvoir intercepter ni l'argent, ni les marchandises, serait autorisé à la considérer comme ennemie ; car violer les droits d'une nation, c'est évidemment lui faire injure ; et toute injure est un motif de guerre. L'absurdité de cette dernière proposition démontre l'absurdité de la première.

Une nation neutre, si elle ose remonter aux principes, je veux dire, si elle a la force suffisante pour les invoquer avec succès, peut tenir le langage suivant : « Si, pour ne pas exposer
» votre conservation, je renonce à une partie
» de la liberté qui m'appartient, je ne puis ni
» ne dois y renoncer pour toute autre cause ;
» je ne dois ni ne veux interrompre, en votre
» faveur, ma navigation et mes relations com-
» merciales au détriment de mes propres su-
» jets. Tout ce que je puis et dois faire pour
» maintenir l'impartialité, c'est de mettre
» sous la sauve-garde de mon pavillon vos
» marchandises comme celles de votre en-
» nemi : c'est là la seule obligation que m'im-

» pose ma qualité de neutre. Si, comme vous
» le supposez, l'industrie de votre ennemi
» vous est nuisible, détruisez-la chez lui-
» même, où les lois de la guerre vous auto-
» risent à pénétrer; dévastez ses campagnes,
» bouleversez ses manufactures, enlevez son
» numéraire, et même ses sujets; plaignez-
» vous aux dieux de ce que le soleil luit pour
» lui comme pour vous; mais respectez la
» pleine mer, qui n'est ni à vous, ni à votre
» ennemi; respectez mon pavillon, car il
» n'est point sous votre juridiction; il ap-
» partient à la mienne; ne molestez point ma
» navigation, qui n'entrave point vos opéra-
» tions militaires; supportez mon industrie
» comme je supporte la vôtre. Mais enfin si
» je vous nuis en me chargeant du transport
» des marchandises appartenantes à votre en-
» nemi, je vous nuirais bien davantage en
» les achetant et en les payant comptant; car
» je lui procurerais immédiatement de l'ar-
» gent. Et cependant vous ne portez point
» votre prétention jusqu'à m'interdire cette
» faculté : en tout cas, pour éluder la rigueur
» de votre prétendu droit, il me suffirait
» d'une simple supercherie, d'un connaisse-
» ment simulé; et ce sera là en dernière ana-

» lyse le résultat de vos injustes exigences,
» de l'abus de votre puissance, si je ne puis
» maintenir mon droit par la justice ou par
» la force. Au reste, si vous avez un droit il-
» limité de mettre des entraves à ma naviga-
» tion et à mon commerce avec votre ennemi,
» sous le spécieux prétexte qu'il vous est nui-
» sible, vous pouvez aussi, vous devez même
» m'empêcher de lui vendre du blé, des laines,
» des cendres, etc. ; vous pouvez, en un mot,
» rompre toutes mes relations commerciales
» avec lui, interdire à mes vaisseaux l'en-
» trée de ses ports. Cependant vous ne por-
» tez point votre exigence jusque-là ; vous
» ne prétendez point m'empêcher de lui con-
» duire les productions naturelles de mon
» sol, ni celles de mon industrie. Je puis
» donc conclure avec justice que votre sys-
» tême est insoutenable au tribunal de la rai-
» son, et que vous ne pouvez le faire préva-
» loir que par la supériorité et l'abus de vos
» forces ; mais l'abus de la force ne produit
» que des injustices, ne procure que des
» usurpations, et jamais un droit légitime.
» Vous trouvez bon, vous désirez que je con-
» tinue mon commerce avec vous ; vous le
» favorisez même ; vous admettez mon pavil-

» lon ; vous désirez qu'il protége vos propres
» marchandises: moi, je trouve bon d'en agir
» de même avec votre ennemi ; car autrement
» je lui nuirais ; je serais partial envers vous ;
» je cesserais donc d'être neutre ; je m'expo-
» serais donc à la guerre uniquement pour
» vous complaire. »

§ IV.

Les adversaires du systême que je défends
invoquent, pour le réfuter, le suranné *Consolato del mare* (1), quelques autres autorités, et entr'autres deux traités signés en 1661
entre l'Angleterre et les cours de Stokholm

---

(1) Cette compilation mérite d'autant moins d'être
citée comme une autorité, que la date même en est
incertaine, et qu'on n'a pu encore en découvrir ni le
rédacteur, ni l'autorité légale, ni même le lieu où il
a été rédigé et suivi. Mais quelle que soit l'origine du
Consolato, quelle qu'en ait pu être autrefois l'autorité,
on ne peut le considérer aujourd'hui que comme une
simple opinion, ou comme un monument de l'ancienne jurisprudence de quelques contrées voisines de
la Méditerranée. On peut le mettre sur la même
ligne qu'*Albericus Gentilis*, *Selden*, ou les lois des
Lombards, des *Goths*, de Rhodes, d'Oléron, etc.

et de Copenhague : le premier parle de la prohibition, et autorise la saisie de la marchandise ennemie ; mais le second n'en dit mot (1), il ne fait mention que des munitions de guerre.

§ V.

On prétend, il est vrai, que les traités et les autorités consacrent la véritable doctrine du droit des gens, et que les stipulations contraires ne sont que des exceptions : mais, en le supposant, quand les exceptions sont très-nombreuses, et que l'application des prétendus principes est rare, ne peut-on pas dire qu'elles forment le droit des gens commun ? Or, la liberté des marchandises ennemies, sous pavillon neutre, est énoncée à

---

(1) C'est principalement en Angleterre qu'on cite ces deux traités, ainsi que le *Consolato*. Outre le premier, il y en a quelques autres conclus au quinzième siècle, savoir, en 1406, 1446, 1460, 1468, 1486, entre l'Angleterre, les ducs de Bourgogne et de Bretagne, et la république de Gênes. Celui conclu en 1716 entre la France et les trois villes Anséatiques, interdit également à celles-ci le transport des marchandises ennemies.

peu près dans tous les traités conclus par l'Angleterre elle-même, depuis 1654 (entre cette puissance et le Portugal), jusqu'à celui conclu en 1797 avec la Russie. Je mets hors de ligne les conventions, signées en 1801 et 1803, entre les trois puissances du nord et la Grande-Bretagne, parce qu'elles sont le résultat de circonstances extraordinaires; et qu'en pareille occurrence la politique influe plus que les principes les plus positifs. Pour prouver cette influence, je ne citerai qu'un exemple : les traités de commerce signés entre la Russie et l'Angleterre, en 1766 et 1797, stipulent la liberté des marchandises ennemies sous pavillon neutre ; et la convention de 1801 en autorise la saisie. Observons que la neutralité armée avait établi cette liberté, non seulement en vertu des traités, mais aussi comme une conséquence des principes du droit naturel ; et que les trois puissances du nord, comme la plupart des autres puissances maritimes, adhérèrent dans le temps à cette convention, et que la France les consacra par l'article XXVII de son traité de commerce avec la Russie (1787): et c'est cet accord, à peu près général, qu'on appellerait encore aujourd'hui une exception !

§ VI.

Pour juger si une doctrine quelconque
est ou un principe positif, ou seulement une
exception, il faut nécessairement remonter
au droit naturel : or, ce droit établit la plus
parfaite égalité de nation à nation, et le
fondement de cette égalité, c'est l'indépendance. Voilà le principe : tout ce qui y est
contraire ou qui le restreint, ne peut être
considéré que comme une exception. Les
unes ont pour objet des sacrifices arrachés
pour le maintien de la paix ; les autres ne
sont fondées que sur des conventions particulières, sur des intérêts privés, ou sur la
prépotence (1).

____

(1) Cette matière est traitée plus amplement au
paragraphe XXII.

CHAPITRE X.

Propriétés neutres sous pavillon ennemi.

§ Ier.

U**NE** quatrième restriction qu'on impose aux neutres, est l'inverse de celle que je viens d'exposer : on prétend leur défendre de charger leurs marchandises sur des navires ennemis.

§ II.

C'est encore là une de ces questions sur lesquelles ni les principes, ni la pratique, ni les traités ne sont uniformes. Mon intention n'est point de faire l'histoire de chaque état relativement à cet objet, et encore moins d'analyser les traités qui sont pour ou contre : car, quelque absurdes qu'elles puissent être, les principes deviennent muets, et ils sont impuissans lorsque la force commande. Je me bornerai donc à rapporter et discuter les principes du droit des gens, dans lesquels la décision de la question, considérée en elle-même, me semble devoir être puisée.

§ III.

J'ai établi plus haut que le pavillon ami sauve la marchandise ennemie : il semblerait, de prime abord, que le contraire devrait avoir lieu dans le cas dont il est question. En effet, dans la première hypothèse, la marchandise suit le sort du pavillon ; on peut donc dire qu'il doit en être de même dans la seconde : car le pavillon ennemi n'a, vis-à-vis de son ennemi, d'autre protection que celle de la force. Selon l'usage universellement reçu, le bâtiment devient légitimement sa proie ; et la marchandise qu'il couvre doit subir le même sort.

Mais ce raisonnement est inadmissible.

Si le pavillon ami sauve la marchandise ennemie, c'est parce qu'il indique la propriété du bâtiment, et que le bâtiment n'est soumis à aucune autre juridiction que celle de son souverain ; d'où il résulte qu'un étranger ne saurait passer à son bord, malgré lui, sans violer cette juridiction, et par conséquent sans porter atteinte à l'indépendance

I.   8

de la nation à laquelle il appartient. Il n'y a d'exception à ce principe que relativement aux munitions de guerre. Il n'en est point ainsi à l'égard du pavillon ennemi : celui-ci ne jouit point des avantages du droit des gens ; il n'a, à l'égard de son ennemi, ni privilége, ni immunité, ni indépendance : il est sous l'empire de la force, et le bâtiment est de bonne prise. Mais la marchandise neutre ne saurait être comprise dans la confiscation, parce que le pavillon, quoiqu'il ne jouisse pas du droit de protection, ne la dénature point ; il ne la rend point propriété ennemie, elle conserve son premier caractère. Pour réduire les deux propositions à des termes simples, je dis : Dans le premier cas, ce pavillon ami protège la propriété ennemie, parce qu'il interdit au croiseur l'entrée et par conséquent la visite du bâtiment (1) ; dans le second cas, la marchandise amie est sauve, parce que le pavillon n'en dénature point la propriété.

§ IV.

C'est d'après ce dernier principe que, dans

______

(1) *Voyez* paragraphes XVI et XVII.

la guerre continentale, les propriétés neutres sont respectées, quoique entreposées dans une ville ennemie. Aucune fiction de droit ne peut dénaturer ces principes; aucune supposition, aucun subterfuge n'est admissible pour faire considérer comme ennemis les effets appartenans à un neutre. Il n'est qu'un cas où la présomption décide, c'est-à-dire où il est permis de supposer que les effets sont ennemis, c'est lorsque la propriété n'est pas constatée par les titres d'usage : car alors tout ce qui se trouve sur le bâtiment est censé appartenir à l'armateur ; je regarde même cette présomption comme tellement de rigueur, que, selon moi, on ne doit admettre aucune preuve *ex post facto* pour la détruire. Les armateurs doivent connaître les usages et la police de la mer ; ils doivent savoir que, surtout en temps de guerre, tout est de rigueur ; que le bâtiment dont ils se servent est exposé à être arrêté et confisqué ; que par conséquent il leur importe d'empêcher leur propriété d'être entraînée dans ce désastre. Si la fraude était étrangère aux expéditions maritimes, on pourrait sans doute admettre des preuves produites après coup :

8.

mais malheureusement les infidélités sont trop fréquentes, surtout en temps de guerre, pour qu'on n'emploie pas tous les moyens de les prévenir ou de les punir.

On dit gravement que le négociant neutre savait d'avance ou était censé savoir le sort auquel il exposait sa marchandise, en la confiant à un bâtiment ennemi ; que par conséquent il ne peut en imputer la perte qu'à lui-même. Certainement un homme averti qu'un bois est infesté de brigands ou d'animaux voraces, ne peut accuser personne s'il est dépouillé ou dévoré ; de même le navigateur ne peut accuser personne, si des forbans, des écumeurs de mer se saisissent de son bâtiment, de ses marchandises et même de sa personne , parce que cette espèce d'homme ne connaît ni autorité, ni loi, ou plutôt le brigandage est sa loi suprême. Mais enfin il n'en est pas ainsi parmi les nations policées qui ont des rapports entre elles, qui ont un code et des intérêts communs : elles sont soumises à des règles qui sont d'obligation rigoureuse ; elles ne peuvent les violer sans se rendre coupables d'injustice, et sans provoquer des actes de vengeance.

C'est sous ce point de vue qu'il faut envisager l'assertion que j'ai rapportée. La
marchandise, n'importe où elle sè trouve,
est sous la sauve-garde du droit des gens :
il n'y a que mon propre fait ou une convention qui puissent la faire cesser de m'appartenir : voilà le droit dans toute sa simplicité ; et je dois présumer que ce droit est
respecté par tous les gouvernemens. S'il en
est qui le violent, ils ne peuvent le faire impunément qu'à l'égard des états faibles qui
doivent se résigner à supporter tous les gen-
res d'injures, et s'estimer heureux qu'on
veuille bien leur laisser l'ombre de leur existence politique. Mais les états qui ont des
moyens de soutenir leurs droits, savent les
réclamer avec efficacité ; ou bien, s'ils les
négligent ou les sacrifient à d'autres intérêts
par des conventions, il faut supposer que
des raisons majeures les réduisent au silence,
ou même à la nécessité de se soumettre par
des stipulations expresses. Mais enfin ces
stipulations leur étant personnelles, comme
leurs vues politiques, elles ne peuvent avoir
aucun effet sur les états qui n'y ont pas
participé. On m'objectera comme un titre les

déclarations que peut publier un gouvernement pour faire connaître d'avance la conduite qu'elle entend tenir. J'examinerai plus bas (1) la valeur et l'effet de ces sortes d'actes.

____

(1) *Voyez* paragraphe XV.

CHAPITRE XI.

Commerce nouveau de la part des neutres en temps de guerre.

§ I.

Les neutres peuvent-ils, en temps de guerre, faire un commerce nouveau?

On prétend qu'ils n'ont point la liberté de donner à leur commerce plus d'étendue qu'il n'en a en temps de paix. Examinons cette doctrine, qui a été créée et soutenue avec chaleur par le gouvernement anglais.

Le droit de naviguer est indéfini par sa nature : mais celui de faire le commerce dépend exclusivement de la nation dont on veut fréquenter les ports. Celle-ci est la maîtresse de faire, relativement à ses états, tous les réglemens que lui dictent ou son intérêt ou sa convenance. Elle peut alternativement permettre ou interdire l'entrée de ses ports, l'introduction des marchandises étrangères, et l'exportation des productions indigènes. Elle ne doit aucun compte à cet égard : la seule rétorsion est la mesure permise par le droit des gens à ceux qui croient avoir à se plaindre.

Si des motifs d'administration intérieure engagent en temps de paix un gouvernement à faire des réglemens prohibitifs, les circonstances de la guerre peuvent le porter à faire cesser cette prohibition.

§ II.

Les neutres peuvent-ils profiter de cette dernière disposition sans violer les devoirs de la neutralité ? Une des puissances en guerre a-t-elle le droit de l'empêcher ?

Tous les rapports de commerce, entre nations comme entre particuliers, sont volontaires ; ils ne sont fondés sur aucun principe général du droit des gens ; et rien ne démontre mieux cette vérité que les traités de commerce, où les parties contractantes règlent à leur gré leurs communications et les avantages qu'elles s'accordent mutuellement. Elles ne doivent aucun compte à la grande société du genre humain des faveurs qu'elles accordent, reçoivent ou refusent ; et, ni dans un cas ni dans l'autre, elles ne manquent aux obligations que leur impose le droit des gens. La guerre ne change point cet état des choses entre nations amies ; elle n'altère ni leurs droits, ni leurs rapports, ni leur liberté : l'une peut accorder des faveurs, et l'autre les recevoir, sans faire injure aux autres, amies ou ennemies. Sans doute celle qui accorde a pour objet de prévenir les entraves que la guerre met à sa propre navigation comme à son commerce, et celle qui reçoit profite de la conjoncture pour faire prospérer l'un et l'autre. Tout cela est facultatif de part et d'autre, et il n'est aucune puissance humaine qui ait le droit de l'empêcher ; car, s'il en existait une, elle serait la souveraine absolue de toutes les autres ; et dès-lors il ne serait plus question d'indépendance : ou bien il faut tout uniment convenir que l'univers entier est subordonné à la loi qu'il plaît aux états en guerre de lui imposer. C'est là sans doute un moyen bien expéditif, bien simple, bien salutaire, pour écarter toutes les difficultés, pour prévenir toutes les contestations, en un mot, pour établir l'harmonie générale sur des fondemens inébranlables.

§ III.

Mais enfin, dira une des nations en guerre (1), si le neutre se charge de faire le commerce de l'ennemi, qui ne peut plus le faire lui-même, il lui procure par-là un avantage inappréciable, parce qu'il soutient sa prospérité et alimente ses moyens de continuer la guerre ; par conséquent il cesse d'être impartial, il rompt la neutralité, il commet un acte hostile contre moi ; et cet acte est d'autant plus manifeste, que le commerce que se permet le neutre est une nouveauté causée par la guerre même, et introduite dans l'intention directe de servir mon ennemi, et par conséquent de me nuire.

§ IV.

Sans doute, je le répète, si tout devait être impérieusement soumis aux lois de la guerre et de l'intérêt quelconque des belligérans ; si cet intérêt rendait précaires les droits des na-

---

(1) *Voyez* chapitre XXII.

tions et leur indépendance , la prétention que
je viens de rapporter serait une chose toute
simple : les gouvernemens en guerre régle-
raient en dernier ressort les droits et la coi-
duite des neutres ; il suffirait d'une déclaration
de la part des premiers pour faire connaître
leur volonté suprême , et pour être obéis : *et
nutu totum contremuit orbem.* Mais cette
domination n'a jamais été admise , jamais on
n'a attribué aux puissances en guerre la mo-
narchie universelle. La vérité est qu'en temps
de guerre les neutres conservent tous leurs
droits, toutes leurs facultés, tous leurs rapports : ils peuvent les étendre, ils peuvent
profiter de tous les avantages que la guerre
leur présente , comme un marchand de blé
profite de la disette ; et le leur interdire , c'est
détruire leur indépendance. Ce principe général, comme je l'ai déjà observé plus haut,
n'admet qu'une seule exception : elle a pour
objet les choses qui servent à la guerre ; elle
ne saurait être portée au-delà. On sait parfaitement que les neutres s'enrichissent communément aux dépens des nations qui se
ruinent par la guerre : mais celles-ci le savent
d'avance , et il serait sans doute à désirer,
pour le repos des peuples et pour l'humanité,

que cette réflexion influât sur les causes ou sur les prétextes qui occasionnent la guerre, font couler le sang humain, et épuisent les sujets.

§ V.

Sans contredit, le neutre qui fait un commerce d'exportation et d'importation avec un des ennemis, peut nuire indirectement à l'autre. Mais, d'un côté, le neutre ne serait répréhensible qu'autant qu'il refuserait le même service à ce dernier, et ce refus n'est pas présumable ; d'un autre côté, on sait que l'industrie d'une nation, même en temps de paix, ne peut prospérer sans nuire plus ou moins à ses concurrens. C'est un sujet de rivalité, d'envie, même de dépit, mais non un grief ; ou bien, si c'en est un, il est toujours subsistant : par conséquent, la nation qui souffre a sans cesse un légitime motif de guerre. Mais revenons à notre objet. Vous, puissance en guerre, vous prétendez m'interdire un commerce que je n'ai point fait en temps de paix. D'après quel titre, en vertu de quelle autorité formez-vous une pareille prétention, m'imposez-vous une pareille loi ? M'y suis-je soumis par mes traités avec vous ?

Moi, je vous réponds en peu de mots : Ce n'est point par votre fait que je n'ai pas exercé tel ou tel commerce en temps de paix ; ce n'est également point par votre fait que j'y suis admis durant la guerre : tout cela vous est étranger ; tout cela résulte d'une faculté imprescriptible ; et votre prétention tend à la détruire ; elle tend même, selon votre propre sens, à me forcer de concourir à la destruction de votre ennemi, qui n'est pas le mien, et de nuire à mes propres sujets. Sans doute votre utilité le demande ; mais l'utilité n'a jamais établi un droit : lorsqu'on la prend pour unique règle de conduite, elle ne produit la plupart du temps que des injustices, des vexations et des querelles.

§ VI.

La question que je traite offre un contraste vraiment remarquable. Le neutre renonce à un commerce habituel, parce que les puissances en guerre en considèrent les objets comme dangereux, et elles prétendent lui interdire un commerce innocent, par la seule raison qu'il n'est pas dans l'habitude de le faire en temps de paix. Si ces deux contraires ne peuvent se concilier autrement que par la convenance , qui concilie tout , parce qu'elle soumet tout à la force , la légitimité de la prétention que je combats n'admet point de réplique.

§ VII.

Je crois devoir terminer cet article par la remarque suivante. Le neutre est obligé de s'abstenir de la fourniture des choses qui servent immédiatement à la guerre. Or, les marchandises innocentes qu'il transporte par un commerce nouveau , n'ont point ce caractère ; donc elles ne sont ni ne peuvent être comprises dans la prohibition. Celle-ci est une exception ; or, les exceptions à une règle générale sont de droit étroit ; ainsi elles ne sauraient être étendues par des interprétations arbitraires (1).

---

(1) La doctrine que je combats a été mise en avant pour la première fois par le gouvernement anglais , au commencement de la guerre de 1755. Celui de France permit aux neutres de charger dans ses ports , des denrées , comme farines , vins , eau-de-vie , etc. , pour ses colonies, et de ramener en échange des denrées coloniales. L'Angleterre fit enlever tous les bâtimens ,

Indépendamment des différentes restrictions que je viens de rapporter, il est encore
plusieurs points à l'égard desquels les neutres
éprouvent des gênes, et qui donnent lieu à
des contestations et à des injustices. Le premier de tous est la présomption.

---

tant en allant qu'en revenant ; elle établit de cette manière le monopole des productions coloniales, et
elle se procura aussi à bon compte des farines dont
elle manquait. Et il ne faut point croire que son intention était d'affamer ou de ruiner les colonies fran-
çaises ; ses propres navigateurs les approvisionnaient,
et achetaient leurs productions pour en hausser arbitrairement le prix en Europe. Voilà ce que les écrivains anglais appellent le droit des gens dans toute sa
pureté. Mais, enfin, opposons à l'Angleterre sa propre
doctrine : tout le monde connaît son acte de navigation ; or, supposons la Grande-Bretagne dans le
même cas où se trouvait la France durant la guerre
de 1755, c'est-à-dire, que sa navigation et son commerce soient interrompus par le fait de la guerre,
croira-t-on qu'elle laisserait ses colonies dans un état
de stagnation et de pénurie ? qu'elle n'inviterait pas
les neutres à suppléer à son impuissance ? qu'elle ne
suspendrait pas temporairement son acte de navigation
en leur faveur ? Tout lecteur répondra à ces trois
questions, et certainement la cour de Londres se
hâterait de les résoudre conformément à nos principes.

CHAPITRE XII.

De la Présomption à l'égard des effets chargés sous pavillon neutre.

§ Ier.

Il ne peut être question de présomption que dans le cas où l'on pourroit supposer, soit de la fraude, soit de l'irrégularité. Il s'agit d'en déterminer l'application aux deux hypothèses.

§ II.

La fraude est un délit, ainsi elle ne se présume point, il faut des preuves qui la constatent. Cette vérité a été établie au paragraphe où il est question de soupçons.

§ III.

La présomption dont il s'agit est relative à l'interprétation du fait. Des effets sont chargés sur un navire neutre ; mais aucune pièce de bord n'en désigne ni le propriétaire, ni le consignataire. Si la marchandise est innocente, et si le souverain du croiseur admet la liberté de la propriété ennemie sous pavillon ami , il ne peut exister aucune difficulté , quelle que soit la destination du navire. Mais si ce sont des marchandises prohibées , elles sont saisissables dans le cas où le croiseur rencontre le navire sur les côtes de l'ennemi , quoique destiné pour un port neutre , parce que la présomption naturelle est que le patron méditoit un versement frauduleux , à moins qu'il n'ait été forcé de s'écarter de sa route. Si la rencontre a lieu en pleine mer , et si le navire est destiné pour un lieu neutre, le défaut de connaissement n'autorise point la saisie , par la raison qu'il est à présumer que les objets prohibés ont la même destination que le surplus de la cargaison.

§ IV.

Mais la question se complique à l'égard des états qui n'admettent pas le principe que le pavillon ami sauve la marchandise ennemie. On demande si dans ce cas le défaut de connaissement fait présumer ennemie la marchandise , et si en conséquence elle est sujette à la saisie comme le prétendent les états que je viens d'indiquer.

J'observe en premier lieu , que les mêmes effets peuvent tout aussi bien appartenir à un neutre qu'à un ennemi; en second lieu, que le pavillon indique la qualité du navire, et que tous les effets sont sous sa sauve-garde, et participent à son immunité ; voilà le seul principe admissible. Ainsi tout capitaine ou patron est en droit de dire : telle ou telle marchandise, si elle est innocente , jouit du privilége de mon pavillon ; ce principe est positif ; une simple présomption , produit de votre avidité, ne saurait le détruire.

Cette déclaration mérite certainement plus de faveur que la présomption du croiseur ; car on ne saurait trop le répéter , il s'agit d'effets innocens. Si la déclaration du capitaine est fausse , elle est du moins officieuse, elle le soustrait à une injustice , tandis que le soupçon du croiseur n'a pour objet qu'une odieuse spoliation.

§ V.

Mais , enfin , supposons que le maître ne fasse d'autre déclaration sinon qu'il a chargé

la marchandise dans tel ou tel port neutre ;
qu'elle est destinée pour tel ou tel pays ; mais
qu'il ignore le nom du propriétaire, ce qui
arrive fréquemment ; quelle conséquence est-
on autorisé à tirer de là ? l'ignorance du maître
suffit-elle pour faire présumer la fraude, pour
en accuser l'expéditionnaire ? Mais dans ce
cas quelle base aurait cette présomption ? La
présomption est une conjecture à l'égard des
choses douteuses, elle doit résulter de circonstances et d'indices qui se manifestent fréquemment ; ou bien elle est un jugement anticipé
du sens commun, fondé sur ce qui arrive la
plupart du temps. Les lois civiles et cano-
niques en établissent de toutes sortes ; mais
elles les considèrent toutes comme des inductions naturelles, tirées ou d'une loi, ou de
faits antécédens ; en un mot, les inductions
exigent au moins une grande probabilité. De
loi, dans son acception ordinaire, il n'en
existe point de nation à nation, elles ne connaissent que la raison naturelle ou des traités.
Or, la raison dit que le mal ne se présume
point ; des faits antécédens, nous n'en voyons
également point. Supposons que l'expéditionnaire *A* fasse des envois simulés, on ne saurait
conclure que l'expéditionnaire *B* ait agi de

même. D'ailleurs il faut la fréquence et non des faits accidentels et isolés.

§ VI.

D'après toutes ces considérations, je crois pouvoir établir comme une maxime certaine, que dès qu'une marchandise innocente se trouve sur un bâtiment neutre, elle est censée propriété neutre, et que la présomption contraire, fondée sur le seul fait, est inadmissible. N'oublions point que la présomption du mal est odieuse par sa nature.

§ VII.

On objectera peut-être, qu'à l'aide de cette maxime les neutres pourront impunément faire tout le commerce de l'ennemi ; que cette marche ne saurait être tolérée par les puissances en guerre qui confisquent les effets ennemis sous pavillon neutre, et que c'est précisément pour la prévenir qu'elles ont établi la confiscation des effets non déclarés.

Mais j'ai déjà réfuté cette jurisprudence comme contraire aux premières notions du droit des gens : elle est un abus dont on se sert pour en justifier un autre. En tout cas elle ne peut être appliquée qu'aux nations que des raisons particulières, ou des engagemens forcés, ou l'impuissance, soumettent à une jurisprudence subversive des principes les plus évidens du code des nations; et, je l'avoue, il n'est en pareille occurrence plus question ni de principes, ni de règles, ni de droits; la soumission, soit intéressée, soit contrainte, tranche toutes les difficultés comme toutes les prétentions : elle est la loi suprême; il faut que les sujets se plient à la politique de leur gouvernement.

§ VIII.

Mais en admettant même le système dont il s'agit, il n'en résulte point que la marchandise innocente dont la propriété n'est pas établie, soit confiscable. Le principe que j'ai posé demeure le même; la présomption est en faveur du pavillon; il doit donc sauver la marchandise de propriété douteuse. Mais quel appui peut espérer un patron de la part d'un gouvernement qui a transigé sur les principes, ou plutôt qui les a sacrifiés. La force lui dictera la loi, lui imposera silence, et dans la suite, le fait sera cité comme un préjugé, comme un acte légitime et constituant le droit des gens coutumier.

§ IX.

Quant à la crainte que les neutres ne fassent tout le commerce d'une des puissances en guerre, elle ne saurait légitimer une jurisprudence vicieuse par elle-même ; d'ailleurs cette crainte, selon l'ordre pratique des choses, a si peu de fondement, qu'elle ne saurait être considérée que comme un prétexte. Mais enfin, quand même elle serait justifiée par des faits, elle n'autoriserait point davantage les souverains en guerre à mettre des entraves à la navigation et au commerce des neutres. Je sais bien que la prépotence a une autre logique, qu'elle est irrésistible ; mais celle que j'emploie est fondée sur des principes, et non sur le droit du plus fort.

§ X.

Sans doute un état en guerre doit voir avec regret son ennemi vendre ses denrées et le produit de son industrie, et recevoir en échange les objets dont il a besoin ; mais ce regret ne saurait constituer la loi des nations ; il n'est point dit que tout doit céder à l'intérêt privé des états en guerre , et que les neutres doivent se soumettre à toutes leurs volontés , leur sacrifier les intérêts de leurs propres sujets. Sans doute la guerre donne de grands priviléges ; mais doivent ils frapper sur ceux à qui elle est étrangère , ou sur les souverains qui auront entrepris une guerre inconsidérée et même injuste, et qui, pour la soutenir, violent toutes les obligations que leur impose l'ordre social ? Cette idée est si révoltante, qu'il est inconcevable qu'elle soit encore un problême.

CHAPITRE XIII.

Dé la présomption à l'égard des Effets chargés sous pavillon ennemi.

La maxime que j'ai établie à l'égard des pavillons neutres, est applicable aux bâtimens ennemis chargés de marchandises dont la propriété neutre n'est pas constatée. Ainsi toutes les marchandises qui sont dans ce cas, suivent le sort du pavillon, par conséquent elles sont de bonne prise ; et, comme je l'observe ailleurs, il est important dé tenir rigoureusement la main à cette règle, afin de forcer les armateurs à plus d'exactitude dans leurs expéditions : ils doivent connaître les dangers auxquels est exposé un bâtiment ennemi, ainsi que l'avidité des croiseurs : il leur importe donc de prendre les précautions nécessaires pour s'en garantir. S'ils les négligent, ils ne peuvent imputer qu'à eux-mêmes le mal qui en résulte : leur gouvernement est hors de mesure de les en garantir ou de leur procurer une indemnité.

CHAPITRE XIV.

Des Navires neutres faisant escale.

§ Ier.

On confisque des bâtimens neutres pour avoir fait une escale ou route non indiquée dans leur congé.

§ II.

Les usages de la mer doivent décider cette question ; or, il est d'une pratique générale que lors même que le passeport d'un navire marchand n'indique qu'une destination , le capitaine a néanmoins la liberté de faire escale, c'est-à-dire, d'entrer dans d'autres ports. Il n'arrive que trop souvent qu'un bâtiment ne trouve pas de chargement de retour dans le port énoncé dans son congé, et qu'il est obligé d'en chercher dans un autre. La seule nation dont il approche les côtes a le droit de le visiter, parce qu'il peut ou être chargé de marchandises de contrebande , ou être

soupçonné de vouloir frauder les droits de
la douane à la faveur d'un versement frauduleux : il se rend suspect par cela seul
qu'il fait fausse route. Mais une nation non
intéressée n'a aucun droit de contrôler sa
route ; et si elle l'entreprend, elle viole la
liberté des mers. Le croiseur peut sans doute
constater la qualité du bâtiment là où l'usage
lui en donne le droit ; mais, si ce point est
en règle, il n'a point la faculté d'aller plus
loin. On sait bien qu'ordinairement le passeport ne sert que pour un voyage : mais cette
limitation ne fixe point le lieu de relâche,
et elle n'empêche point le capitaine de faire
escale. Le voyage cesse au moment du retour
du navire dans le port du départ ; et s'il se
remet en route sans nouveau passeport, il
est, en paix comme en guerre, considéré
comme forban.

On dira peut-être que la règle que j'ai
établie plus haut est inadmissible en temps
de guerre, parce que, dans une pareille conjoncture, tout est de rigueur, tout doit être
suspect, la moindre irrégularité est un délit.

§ III.

Mais sur quoi est fondée cette extrême

rigueur ? Le droit attribué aux puissances belligérantes d'enfreindre la liberté des mers, de visiter, de confisquer des bâtimens neutres, est fondée sur une exception, savoir, sur la nécessité de punir une fraude dangereuse. Si donc un capitaine neutre, par ses différentes relâches, en commet une de cette nature, il peut sans contredit être arrêté et puni. Mais s'il n'est pas dans ce cas, si ni sa navigation, ni son chargement n'offrent de danger, en vertu de quel principe, dans quelle vue de nécessité ou même d'utilité l'arrêterait-on ? Le silence du passeport sur les relâches accidentelles ne peut faire présumer un délit qu'autant que le navire serait suspect par son chargement et par le lieu où il serait rencontré, je veux dire, s'il consistait en effets dont les usages de la guerre autorisent la confiscation, ou s'il était rencontré dans un lieu où la visite est autorisée.

Toutefois, les gouvernemens qui veulent être justes, admettent la justification du capitaine, à moins de circonstances très-aggravantes. Parmi ces circonstances, il faut comprendre celles où un navire chargé d'effets prohibés et destiné pour un pays neutre ferait fausse route sans y être contraint par quelque accident de mer, et se trouverait dans des eaux sujettes à juridiction. Par exemple, en cas de guerre entre la France et la Grande‑Bretagne, un navire neutre avec destination apparente pour l'Espagne, serre sans nécessité les côtes de France : sans contredit, les croiseurs anglais sont autorisés non seulement à examiner ses papiers, parce que sa route le rend suspect, mais aussi à le saisir s'il est chargé de contrebande : car il n'est plus dans le simple cas du soupçon ; il n'a plus une simple intention, il est surpris *in actu* ; et sa punition est d'autant plus juste, qu'il savait parfaitement qu'il tentait une chose illicite et contraire à l'engagement qu'il avait pris avec son propre souverain, en recevant ses papiers de mer. La même marche a lieu dans le cas où le bâtiment neutre serait rencontré sur les côtes d'Angleterre par des croiseurs français ; mais s'il est rencontré dans des eaux neutres, les croiseurs des puissances en guerre n'ont pas même le droit de constater sa qualité de neutre, et encore moins la nature et la destination de son chargement. Mais, disons‑le franchement, les croiseurs sont plus rapaces que les armateurs marchands ne sont avides ;

on 'croit devoir encourager , protéger les premiers : de là, toutes les faveurs qu'ils éprouvent ; et la faveur, quand il s'agit des intérêts d'un tiers , est une injustice. En dernier résultat, voici le véritable état des choses : le croiseur veut s'enrichir des dépouilles d'autrui, et le négociant hasarde ses fonds et son industrie pour augmenter sa fortune ; l'un s'ingénie à trouver des coupables , l'autre à échapper à la loi du plus fort.

CHAPITRE XV.

Déclarations et Proclamations.

§ Ier.

Les gouvernemens qui gênent la libre navigation, et prétendent s'arroger le droit de la régler selon leur seul intérêt, pensent qu'il suffit d'une déclaration ou d'une proclamation pour que toutes les nations soient obligées d'y obtempérer : elles invoquent, pour se justifier, et leurs propres faits, et ceux des autres nations (1) ; elles ont même des publicistes assez complaisans pour plaider leur cause.

§ II.

La nécessité a introduit les déclarations, l'usage les a consacrées : et en effet, à leur défaut, tout est dans l'incertitude et dans la

____

(1) Voyez paragraphe XXIII.

confusion , parce que, chacun arrange , in-
terprète , applique les principes selon son
intérêt : le neutre prétend, comme de raison,
qu'ignorant l'état de guerre, il n'a pu ni dû
prendre des précautions pour la sûreté de
son pavillon, et l'absolue liberté de sa navigation et de son commerce. Les déclarations
préviennent du moins les surprises, en ins-
truisant les neutres de l'état de guerre et de
la jurisprudence que les gouvernemens qui
l'ont entreprise, entendent suivre à leur égard.

§ III.

Mais ces déclarations, pour produire leur
effet, doivent non seulement être notifiées en
forme aux états neutres , mais aussi avoir
leur assentiment pour ce qui les concerne :
car on ne saurait ni leur prescrire des règles,
ni restreindre leur navigation malgré eux.
S'ils gardent le silence, il peut être considéré
comme un assentiment tacite, quoiqu'il ne
soit souvent que l'effet de l'impuissance ou
d'une politique timorée.

§ IV.

Au surplus on sait, par une longue expérience, que ces sortes de déclarations, non plus que les traités, n'en imposent qu'aux faibles ; et que les puissances qui sont en état de soutenir leurs droits et leur dignité, méconnaissent ces actes ou les respectent, selon leur position ou leurs rapports politiques ; tout comme celles qui les donnent, trouvent toujours des prétextes pour les étendre, en alléguant les motifs comme les circonstances de la guerre. Durant celles de 1740 et de 1755, entre la France et la Grande-Bretagne, cette dernière puissance, dominant sur toutes les mers, dicta la loi aux neutres. Durant celle d'Amérique (1778), la France qui, à son tour, avait la supériorité maritime, quoiqu'elle n'en profitât pas, les favorisa, et ceux-ci adoptèrent ses principes consignés dans un règlement particulier (1) par la con-

____

(1) Le réglement de la France est du 26 juillet 1778, et je crois bien faire en insérant ici ses principales dispositions.

Art. Ier. Fait défense, sa majesté, à tous armateurs, d'arrêter et conduire dans les ports du royaume, les navires des puissances neutres, quand même ils sortiraient des ports ennemis, ou qu'ils y seraient destinés, à l'exception toutefois de ceux qui porte-

vention connue, sous la dénomination de neu-

---

raient des secours aux places bloquées, investies ou assiégées. A l'égard des navires des états neutres qui seraient chargés de marchandises de contrebande des- tinées à l'ennemi, ils pourront être arrêtés ; et lesdites marchandises seront saisies et confisquées ; mais le bâtiment et le surplus de la cargaison seront relâchés, à moins que lesdites marchandises de contrebande ne composent les trois quarts de la valeur du chargement ; auquel cas les navires et la cargaison seront confisqués en entier. Se réservant au surplus sa majesté de révo- quer la liberté portée au présent article, si les puis- sances ennemies n'accordent pas le réciproque dans le délai de six mois, à compter du jour de la publication du présent réglement.

Art. II. Les maîtres des bâtimens neutres seront tenus de justifier sur mer de leur propriété neutre, par les passeports, connaissemens, factures et autres pièces de bord, l'une desquelles au moins constatera la propriété neutre, ou en contiendra une énonciation précise; et quant aux chartes-parties et autres pièces qui ne seraient pas signées, veut sa majesté qu'elles soient regardées comme nulles et de nul effet.

Art. III. Concerne le jet de papiers à la mer ; ce fait seul opère la confiscation du navire et de la car- gaison.

Art. IV. Un passeport ou congé ne pourra servir que pour un seul voyage, et sera réputé nul, s'il est prouvé que le bâtiment pour lequel il a été expédié,

tralité armée (1780) (1). Cette convention , dont le principal objet était de maintenir à

---

n'étoit, au moment de l'expédition, dans aucun des ports du prince qui l'a accordé.

Art. V. Concerne la différence qui existe entre le nom du bâtiment énoncé dans le passeport, et celui énoncé dans d'autres pièces de bord.

Art. VII , et VIII. Contiennent des dispositions relativement aux bâtimens de fabrique ennemie, ou qui ont eu un propriétaire ennemi.

Art. IX. Seront de bonne prise tous bâtimens étrangers sur lesquels il y aura un subrécargue marchand, commis ou officier-major, d'un pays ennemi de sa majesté, ou dont l'équipage sera composé au-delà du tiers de matelots sujets des états ennemis, ou qui n'auront pas à bord le rôle d'équipage arrêté par les officiers publics des lieux neutres d'où les bâtimens seront partis.

Art. XI. Rejette toutes pièces produites après la saisie.

Art. XV. Confirme les dispositions du titre des prises , de l'ordonnance de la marine du mois d'août 1681.

Le directoire exécutif de France, durant son gouvernement éphémère, trouva ce réglement trop libéral pour le conserver. Mais le gouvernement consulaire en jugea tout autrement : il le rétablit, et il fut publié une loi sur la même matière en l'an XI.

(1) Voyez paragraphe XXV.

main armée les traités subsistans entre les contractans et les deux puissances en guerre, et
d'en consigner les dispositions comme principes de la loi naturelle, fut principalement
l'ouvrage de Catherine II. La plupart des
autres états y accédèrent, nommément les
Provinces-Unies des Pays-Bas, après s'être
refusées aux demandes du gouvernement
britannique (1).

___

(1) Je crois devoir rapporter ici ce qui se passa en
Hollande à ce sujet. La France avait communiqué son
réglement aux états-généraux comme aux autres puissances maritimes. La cour de Londres, dans la vue
d'empêcher les Hollandais de fournir à la France des
munitions navales, conformément au traité de commerce de 1674, entre les Provinces-Unies et la Grande-
Bretagne, leur proposa d'altérer ce traité. La cour
de Versailles, de son côté, fit déclarer que les villes
qui adhéreraient à la demande anglaise, seraient
privées de tous les avantages commerciaux en France.
La demande fut rejetée, les Provinces-Unies se déterminèrent à accéder à la neutralité armée, et leur accession venait d'être signée à St.-Pétersbourg; en même
temps elles donnèrent une escorte de quelques vaisseaux de ligne à un convoi chargé de munitions navales,
libre par le traité de 1674. Le ministère anglais, pour
rompre la participation des Hollandais à la neutralité
armée, et avant que leur accession fût consommée par

Durant la guerre occasionnée par la révolution française, le Danemarck et la Suède (après Gustave III) observèrent seuls une espèce de neutralité : mais ces deux puissances étaient obligées de fléchir sous la prépotence de l'Angleterre, qui supposait que la singularité des circonstances l'autorisait à y adapter sa jurisprudence maritime ; et les gouvernans de la France n'étaient pas plus en état

---

la ratification, ou plutôt pour l'empêcher, fit attaquer le convoi, et il fut enlevé avec les vaisseaux de guerre. Les trois cours du nord délibérèrent sur le parti à prendre pour le maintien de leur dignité et pour l'honneur de leur convention. Mais elles abandonnèrent les Hollandais par le motif que leur accession n'était pas consommée, et c'était ce que voulait la cour de Londres. Dans cette position, les Provinces-Unies, sacrifiées par une politique timorée, n'eurent d'autre parti à prendre que celui de rompre avec la Grande-Bretagne, et de faire cause commune avec la France.

Ces détails prouvent ce que nous disons ailleurs de la versatilité des principes des puissances en guerre, ainsi que de l'influence qu'ont les convenances et l'intérêt personnel. Quant aux puissances du Nord, elles montrèrent une faiblesse qui donna une atteinte sensible à leur convention, comme à leur considération : plus de fermeté de leur part aurait probablement consolidé leur système.

de les soutenir que de les mettre en mouvement, malgré la superfétation de leur papier-
monnaie. L'empereur de Russie, Paul Ier,
débuta par être un des plus ardens champions
de la coalition anti-française. Des causes que
l'histoire dévoilera un jour, le brouillèrent
avec ses deux alliés, surtout avec l'Angleterre,
et le déterminèrent brusquement à la retraite,
et à un rapprochement avec le nouveau gouvernement français. Ce changement de politique en opéra un dans les mesures du monarque russe relativement à la navigation : il
reprit avec énergie les erremens de la neutralité armée de 1780, et en étendit même les
dispositions. La nouvelle convention fut signée
en 1800 avec les cours de Stockholm et de
Copenhague, qui avaient alors des discussions
sérieuses avec celle de Londres, par rapport
à des saisies de navires marchands escortés par
des bâtimens de guerre. La cour de Berlin,
de son côté, accéda à cette nouvelle convention. Mais le gouvernement anglais, libre dans
ses mouvemens par l'affaiblissement de la marine française, se hâta de rompre cette union,
qu'il considérait comme hostile à son égard.
Il fit bombarder Copenhague ; et son entreprise fut efficacement secondée par la mort

inopinée de Paul Ier, et par le défaut de secours de la part de la Suède et de la Russie. Ces deux évènemens furent suivis d'abord d'une suspension d'armes, et ensuite d'une convention (1801) avec l'empereur Alexandre, à laquelle accédèrent successivement les cours de Copenhague et de Stockholm. Celle de Vienne, sans prendre part à la convention dont il s'agit, publia (1803) un règlement particulier qui la rappelle (1).

§ V.

J'ai jugé utile d'indiquer tous ces faits, parce qu'indépendamment de l'évènement que je rapporte, il me semble nécessaire de faire sentir les inconvéniens et même le danger que peut entraîner après soi l'incertitude où les nations demeurent relativement à leur jurisprudence respective, et la position critique où peuvent les mettre des déclarations, des principes et des mesures sur lesquelles on n'est pas d'accord. Sans doute les nations devroient pouvoir mettre une confiance mutuelle dans

______

(1) On trouve tous les actes dans le tome 9e de la collection des traités par *Martens*.

leur justice, dans leur bonne foi et dans leurs procédés : mais la cupidité n'entraîne que trop aisément les neutres, tandis que les états en guerre ne veulent reconnaître d'autres lois que celles de leur position, de leurs besoins, de leurs embarras, de leurs vues politiques. Dans ce choc d'intérêts si opposés, la loi commune, imprescriptible de la raison est oubliée, et la tranquillité des peuples dépend de la versatilité des opinions et des vues de leurs conducteurs, souvent même de leur simple silence, tandis qu'une explication franche pourrait servir de guide en éclairant plus ou moins les parties intéressées (1).

---

(1) Durant la guerre de 1740, la cour de Berlin suivit la marche que j'indique. Avant de hasarder son pavillon, elle demanda au gouvernement anglais une explication sur la manière dont il entendait le traiter. Le ministère britannique répondit ; mais sa réponse, conçue en termes généraux, laissait subsister l'incertitude sur le véritable système de la Grande-Bretagne : elle portait que les Prussiens jouiraient de tous les avantages accordés aux neutres. A Berlin on se persuadait, d'après des assurances verbales, que ces avantages seraient les mêmes que ceux énoncés dans les traités de commerce existans entre l'Angleterre et d'autres États ; mais on ne l'en-

tendait point ainsi à Londres. Les déclarations verbales furent désavouées, et on saisit nombre de bâtimens prussiens chargés de marchandises appartenantes, ou présumées appartenir à des Français ou
à des Espagnols. Frédéric II ne se soumit point à
cette jurisprudence arbitraire. Ce monarque, après
avoir réclamé inutilement, usa enfin de représailles,
en suspendant le paiement des intérêts et des capitaux appartenans à des Anglais, et hypothéqués sur
le duché de Silésie. Il résulta de là une discussion
assez vive entre les deux cours : des raisons politiques
la terminèrent en faveur de la Prusse durant la guerre
de 1756. Il est à remarquer que la cour de Berlin,
dans ses moyens de défense, après avoir succintement
appuyé sur ceux de droit et sur les réponses verbales,
a particulièrement insisté sur le sens d'une *préposition*
employée dans la réponse écrite du ministère anglais.
Celui-ci y distinguait les neutres ayant des traités
de commerce avec la Grande-Bretagne, et ceux qui
n'en avaient pas. A la suite de cette distinction on
trouve ces mots : *nonobstant cela* le pavillon prussien sera traité aussi favorablement que celui des neutres. De la préposition *nonobstant* on conclut à
Berlin qu'on accorderait au pavillon prussien tous
les avantages énoncés dans les traités de commerce ;
mais cette interprétation, quoiqu'on y insistât beaucoup, ne valait pas les moyens que fournissait le
simple droit des gens. On peut même dire qu'elle ne
méritait aucune considération, parce que outre qu'il
est sensible que *nonobstant* est une faute de rédac-
tion, la fin de la phrase indiquait visiblement la véritable intention de la cour de Londres. Aussi, si la

cause prussienne n'avait pas eu d'autre appui que son interprétation forcée, les représailles auraient été jugées injustes ; mais elles étaient justifiées par les principes du droit des gens; et Frédéric II était d'autant plus autorisé à leur donner de l'efficacité, qu'aucun traité ne le gênait à cet égard.

CHAPITRE XVI.

Des Visites ou recherches.

§ Ier.

LES entraves qui viennent d'être indiquées, ne sont pas les seules causes des contestations multipliées auxquelles donne lieu la navigation des neutres. Il en est une autre infiniment plus importante et plus grave : c'est la visite de leurs bâtimens. Sans doute, nombre de traités et l'usage ont consacré cette pratique; mais, faute de précautions suffisantes, il en est résulté une jurisprudence arbitraire, vexatoire, subversive de la liberté des mers, et directement contraire aux véritables principes du droit des nations. Je sens la difficulté d'attaquer avec succès une aussi longue habitude, une source aussi féconde de procédés arbitraires, de vexations, de brigandages et de procédures; et je prévois que ceux qui sont intéressés au maintien de cet ordre de choses, et à en recueillir les bénéfices, m'accuseront de ce qu'on nomme *philosophisme moderne* (1). Mais ce *reproche* ne m'en impose point : fort de la pureté des principes sur lesquels je fonde mon opinion , je n'hésite point à la soumettre à la critique des plus zélés ennemis de la liberté maritime.

§ II.

Je fais abstraction des traités comme de la pratique , et je suppose que la matière est à traiter pour la première fois. Si, à l'exemple d'autres auteurs, je n'eusse pris pour guide que les traités et d'autres actes, il m'aurait suffi d'en faire une classification : mais alors je me serais borné à une table des matières indicative, non des principes du droit des gens , mais du droit public particulier de chaque état. Or, il est évident que ce n'est point dans cette dernière source qu'il faut puiser des règles obligatoires pour toutes les nations , indépendamment de toute stipulation particulière.

----

(1) Le docteur anglais *Scott*, dans son rapport sur la saisie d'un convoi suédois en 1799.

§ III.

Le droit de *visite* ou de *recherche* qu'exercent les puissances belligérantes consiste à
arrêter les navires marchands neutres partout
où les croiseurs les rencontrent; à examiner
leurs papiers pour constater leur qualité, leur
origine, leur destination, et la nature de leur
chargement; à les saisir s'ils ont des marchandises dites prohibées; à les fouiller, et à y
chercher des preuves de fraude, s'il existe le
plus léger soupçon, ou même un prétexte
quelconque que l'avidité et l'impunité trouvent facilement. Certainement c'est là exercer
un acte positif, caractérisé de juridiction (1),

____

(1) *Lamprédi* prétend le contraire. Voici comment
il s'exprime : « Il est évident, dit-il, que quand
» un armateur arrête et visite en mer un bâtiment
» neutre, il n'exerce en aucune manière un acte de
» juridiction qu'il s'arrogerait, mais exerce seule-
» ment son droit reconnu pour légitime par les na-
» tions neutres elles-mêmes, et qu'elles se sont obli-
» gées de respecter en cette qualité ». (*Du Commerce
des neutres en temps de guerre*, p. 174.) En reje-
tant le mot, *Lamprédi* aurait dû en substituer un
autre pour caractériser le fait; et s'il se fût donné

à moins de l'appeler un acte arbitraire dont on ne peut point donner de définition.

---

la peine de suivre les conséquences de la saisie, il se serait probablement convaincu que le capteur exerce le premier acte de juridiction, lequel conduit au jugement qui prononce ou la confiscation ou la punition du capteur.

Mais enfin, puisque *Lamprédi* conteste le mot *juridiction*, et qu'il attribue aux droits du croiseur un caractère particulier, je crois devoir analyser ultérieurement sa doctrine : la question est trop importante pour qu'on ne cherche pas à l'approfondir. Ce ne sera pas au mot, mais à la chose même que je m'attacherai.

Je demande donc à quel titre un croiseur saisit un navire neutre ? C'est en vertu de la commission dont l'a muni son souverain : sans ce titre il exercerait un acte de piraterie, et il serait puni de mort. Il n'agit donc point en son propre nom, mais en celui de son souverain. C'est par cette raison que le neutre qui a à se plaindre, s'adresse à ce dernier pour obtenir satisfaction ; que celui-ci prononce un jugement en forme avec amende et dépens, par ses juges, qui sont ses subdélégués, comme le sont tous les tribunaux. N'est-ce point là exercer un acte de juridiction ; n'est-ce point là *jus dicere* ? Et le premier acte de la procédure n'est-il pas la saisie, comme l'est en matière civile la signification faite par un huissier ?

§ IV.

Pour bien fixer la nature et l'étendue du droit de visite, il importe de distinguer la pleine mer et celle qui baigne les côtes des nations en guerre et des états neutres.

1º La pleine mer n'est le domaine de personne, et toutes les nations ont un droit illimité d'en jouir. Ces vérités premières, puisées dans la nature même des choses, sont des axiomes du droit des gens ; et la conséquence qui en dérive est que tout bâtiment naviguant en pleine mer est hors de toute juridiction, de toute souveraineté étrangère, et qu'il y conserve le caractère d'indépendance qui appartient à sa nation. Ainsi, son pavillon, dès qu'il a été assuré, est inviolable, et toute espèce de gêne qu'on lui fait éprouver est une violation de son indépendance.

2º Cette indépendance absolue cesse dans les eaux d'un état neutre, relativement à cette même nation ; mais elle conserve toute sa force à l'égard des autres puissances. Ainsi, dans des parages neutres, les croiseurs des états en guerre n'ont point le droit d'arrêter un bâtiment neutre, ni même d'exiger de lui

l'exhibition de ses papiers de mer. Ils le peuvent d'autant moins, que les vaisseaux ennemis n'osent même point se poursuivre dans
ces parages, ni y commettre le moindre acte
d'hostilité, et qu'en le faisant ils se rendraient
coupables d'une violation de territoire. A
plus forte raison, en serait-il ainsi si un croiseur arrêtait et visitait un navire sur lequel
les usages de la guerre ne lui accordent aucune
espèce de droit. Ces règles sont si rigoureusement observées, que lorsqu'un vaisseau de
guerre est en relâche dans un port neutre en
même temps qu'un bâtiment ennemi, on ne
lui permet de remettre en mer que vingt-
quatre heures après le départ de ce dernier;
et s'il cherche à partir malgré cette défense,
on l'arrête à coups de canon. On en use de
même si un bâtiment ennemi se trouve dans
la rade.

3° Mais dès que le bâtiment neutre se trouve
sur les côtes de l'ennemi, le croiseur est en
droit d'exiger l'exhibition non seulement des
lettres de mer, mais aussi de toutes les pièces
nécessaires pour constater la nature de la
cargaison ; et si elle est composée, en tout ou
en partie, de marchandises de contrebande,
il les saisit, quand même elles seraient des-

tinées pour un port neutre, parce que, dans ce dernier cas, il y a présomption violente de fraude, à moins que quelque circonstance impérieuse n'ait entraîné le navire hors de sa route, ou que son passeport n'indique la relâche dans un port ennemi placé sur sa route. Quant à la visite du navire, elle ne peut avoir lieu qu'autant que le croiseur présenterait des preuves de fraude.

§ V.

Tout ce que je viens de dire relativement aux navires neutres naviguant dans des eaux étrangères, ne présente pas de grandes difficultés ni en théorie ni en pratique ; mais il n'en est pas de même à l'égard de la pleine mer.

Les discussions dans ce dernier cas sont d'autant plus fréquentes, qu'il existe à cet égard, comme je l'ai déjà observé, une ancienne pratique, et qu'elle est fortifiée par une longue série de traités. Et si en effet il n'était question que de puiser dans cette double source, le problême serait tout résolu ; chaque nation consulterait ses engagemens et s'y conformerait plus ou moins, et elle récla-

merait vainement contre les abus. Mais, je l'ai
déjà observé, l'objet de mes recherches n'est
point ce qui est consigné dans les traités ou
fondé sur un usage abusif; mais ce qui doit
être, d'après les véritables principes du droit
des gens, dégagé des altérations que des
conventions de circonstance ou de routine
peuvent y avoir apportées. C'est d'après ces
mêmes principes que j'établis comme base fondamentale du droit des gens maritime : *qu'en
pleine mer l'indépendance du pavillon
neutre est absolue ; que par conséquent il
n'y est point soumis au droit de recherche
ou de visite.*

§ V I.

Je sais parfaitement qu'on est si accoutumé
à l'exercice indéfini de ce droit, que la doctrine en est si enracinée, que depuis long-
temps on la regarde comme un principe positif, irréfragable, du code des nations, et que
les traités sont censés n'en être que l'application. On porte même les choses si loin à cet
égard, qu'il suffit d'un simple soupçon créé
par le croiseur, souvent même du prétexte le
plus frivole, pour arrêter, visiter et tracasser

les bâtimens neutres en pleine mer, comme s'ils étaient au milieu d'un port ennemi, et qu'on en confisque les chargemens, s'ils sont en contravention aux traités, ou seulement aux réglemens privés des états belligérans.

On ne saurait trop s'élever contre un pareil abus de la force, contre une violation aussi odieuse du droit des nations ; en un mot, on ne saurait trop répéter, en dépit de toutes les conventions, de toutes les convenances, de toutes les autorités, qu'un bâtiment neutre, tant qu'il est en pleine mer, n'a d'autre devoir à remplir que celui de prouver qu'il n'appartient pas à l'ennemi, que son pavillon n'est point supposé, et que se trouvant en règle sur ces deux points, il ne peut être question ni d'arrêt, ni de visite, quel que soit son chargement. Dans le cas contraire l'indépendance est violée. Or, les seules parties intéressées peuvent en modifier l'exercice. C'est sous ce rapport que doivent être considérées toutes les conventions existantes sur la navigation et le commerce en temps de guerre : n'étant que des exceptions, elles ne lient que ceux qui les ont souscrites. Il en est de même de l'usage, il n'oblige que les états qui l'ont reconnu ; tous les autres se règlent d'après les principes généraux que j'entreprends d'établir : je fais abstraction de l'empire de la force.

§ VII.

Pour renverser toutes ces vérités, on dit : que le neutre doit être impartial; que les états en guerre ont le droit de s'assurer de cette impartialité, et qu'elle ne peut l'être qu'à l'aide du droit de *recherche*. Tel est, sans contredit, l'abus introduit par la force, et maintenu par l'habitude; mais je ne puis trop le répéter, la saine raison le désavoue. Selon elle, la partialité, telle qu'il la faut pour violer la neutralité, par conséquent pour être un acte hostile, ne se présume point, et on ne saurait exiger du neutre qu'il consente à en fournir lui-même la preuve en se laissant fouiller, et qu'il soit ainsi son propre délateur : c'est cependant là le véritable objet, l'objet direct des visites, de cet usage étrange de mettre un navire sans dessus dessous pour y découvrir des marchandises prohibées non énoncées dans les certificats, ou bien les preuves d'une propriété ou d'une destination suspecte, malgré la teneur précise des passeports. Une pareille inquisition est à peine pratiquée dans les états les plus arbitraires, et on la trouve toute simple entre nations civilisées, sur un élément essentiellement libre, et où personne ne peut dominer? La partialité ne peut être regardée comme existante que d'après des preuves évidentes, c'est-à-dire, par des faits ou des circonstances qui en soient l'équivalent; et il faut qu'elle soit d'un caractère manifestement hostile : alors, seulement le droit de propre conservation peut donner celui d'en arrêter les effets; mais même ce droit vous ne pouvez l'exercer que conformément aux lois de la guerre, ou en vertu de votre juridiction. Or, vous n'êtes point en guerre avec la nation neutre à qui appartient le navire qu'il vous plaît de regarder comme suspect : donc toute voie de fait vous est interdite à son égard. Il faut prendre garde que la marchandise, de quelque qualité qu'elle soit, est censée être propriété neutre, tant que le capitaine du navire ne s'en est pas dessaisi : ainsi elle participe à tous les droits appartenans au pavillon sous la sauve-garde duquel elle est embarquée; et la puissance en guerre, en s'en emparant en pleine mer, romprait elle-même la neutralité, parce qu'elle violerait l'indépendance. Mais, dira-t-on, le neutre, en fournissant des marchandises prohibées, commet un acte hostile; ainsi la rupture de la neutralité est son propre ouvrage : oui, s'il fournit en effet, ou si son intention à cet égard est manifeste; or, on ne peut lui imputer ni l'un ni l'autre, tant qu'il est en pleine mer. L'intention n'est présumée et n'équivaut au fait, comme je l'observe plus haut, que lorsque le navire est sur les côtes de l'ennemi.

Quant à la juridiction, aucune nation n'en jouit sur une autre en pleine mer; et ce principe fondamental tranche la difficulté : les conventions seules peuvent y déroger. Dans une guerre continentale, quels que soient les griefs d'un état contre un autre, il n'a point le droit de pénétrer dans son territoire avant de lui avoir inutilement demandé satisfaction, et formellement déclaré la guerre. Si le bâtiment neutre voguant en pleine mer vous est suspect, ne violez point pour cela l'immunité de son pavillon; observez-le, si vous le voulez, suivez-le, arrêtez-le dès qu'il est dans votre juridiction ; rien ne s'oppose à ces précautions; toutes les autres sont proscrites par le droit naturel.

§ VIII.

Les auteurs qui soutiennent le droit de vi-site en pleine mer, puisent leur plus grand argument dans le droit de propre conserva-tion dont je viens de parler. Il est constant que ce droit autorise les nations à faire tout ce qu'exige le maintien de leur existence et de leurs droits, et elles l'exercent en paix comme en guerre. Cette vérité est puisée dans la nature même, et elle est la pierre angu-laire de la loi des nations. Mais qu'il est facile de la mal appliquer! et combien ne sont pas fréquentes les fausses interprétations que lui donnent l'ambition ou l'avarice! Combien ne voit-on pas la simple convenance déguisée sous les mots imposans de besoin, de danger! Pour ne point m'écarter de mon sujet, je de-mande s'il n'est pas extraordinaire, comme je l'ai déjà remarqué, que des puissances présen-tent leur existence comme exposée aux plus grands dangers, qu'elles mettent le trouble dans tous les rapports commerciaux, qu'elles convertissent l'élément le plus libre en un théâtre de brigandage, qu'elles exposent

l'Europe à un embrasement général, parce
qu'un neutre imprudent fournira par hasard
à une des puissances en guerre quelques-uns
des objets si emphatiquement proscrits par
les traités de commerce; parce qu'un sellier,
un armurier, un maquignon aura fait de pe-
tites spéculations mercantiles; parce qu'on a
la crainte chimérique, ou au moins très-in-
signifiante, qu'on ne procure à une nation
en guerre quelques canons, quelques fusils,
quelques barils de salpêtre, ou même parce
qu'on transporte quelques ballots de marchandises innocentes appartenantes à l'ennemi.

§ IX.

Mais enfin donnons au droit de conservation toute l'étendue qu'on voudra; en con-
cluerez-vous que vous pourrez exercer votre
droit de recherche ou de saisie partout où
vous le jugerez à propos? Vous me répon-
drez sans doute que vous l'exercerez partout
où vous rencontrerez l'objet que vous consi-
dérez comme dangereux; et si je nie cette
assertion évidemment fausse, vous tournerez
autour d'un cercle vicieux pour la prouver;
vous invoquerez le droit de la guerre que

vous prétendez être illimité ; vous l'appliquerez sans scrupule aux états neutres , parce que, selon vous, l'univers entier doit être subordonné à votre sûreté ; on vous ferait même injure en révoquant en doute et votre droit et la justice de votre cause. Pour abréger, je dis que vous ne pouvez exercer votre droit que là où le danger est réel, où il est un fait : or il ne l'est point en pleine mer ; car, je le répète, l'intention présumée du maître du navire ne le constitue point ; et cependant c'est là tout ce qu'on peut lui imputer tandis qu'il n'est pas sur les côtes de votre ennemi : vous ne pouvez donc point exercer votre autorité sur lui, sinon vous êtes autorisé également à pénétrer dans les ports, dans les magasins, dans les fabriques, dans les arsenaux, dans les eaux de l'état neutre, dès que vous savez ou que vous soupçonnez qu'il y existe des armes destinées ou présumées être destinées pour votre ennemi. L'intention, quelque constante qu'elle soit, ne se convertit en fait, et la crainte en danger, que quand le navire se trouve dans les eaux de votre ennemi : là, vous pouvez l'arrêter, le saisir, le confisquer, même, s'il le faut, le couler bas, parce que là vous dominez, vous avez juridiction ; je

veux même admettre que vous pouvez également en user ainsi sur vos propres côtes, si,
trompé par sa confiance, le neutre a la mal-
adresse d'en approcher. Mais en pleine mer,
toute tentative de visite, toute gêne est un
acte hostile, un acte de piraterie (1). Je crois
pouvoir réduire toute la question à la proposition suivante : Si, en pleine mer, je porte

---

(1) Tout le monde connaît l'origine de la guerre
de 1755 ; tout le monde sait que l'Angleterre, à l'ombre de négociations feintes, s'empara de plusieurs
vaisseaux de guerre français, et d'un grand nombre
de bâtimens pêcheurs, avant toute déclaration de
guerre. La cour de Londres tâcha de se justifier, en
disant que l'on était dans un état hostile vers l'Ohio,
et qu'elle soupçonnait les vaisseaux français destinés
pour les parages de l'Amérique ; mais ce prétexte ne
la justifia point dans l'opinion publique, et l'histoire
a consacré sa conduite comme un acte de violence
et de perfidie.

Les principes énoncés dans le texte ont été sou-
tenus par l'ancien gouvernement français, avant qu'il
prît part à la guerre américaine. Il se faisait dans les
ports de France beaucoup d'expéditions pour l'Amérique en insurrection ; elles étaient composées, outre
divers objets innocens, particulièrement d'armes et
de munitions ; et pour échapper aux bâtimens de
guerre anglais, les patrons prenaient souvent des

atteinte à l'immunité de votre pavillon, je vous fais injure. La même chose a donc lieu si vous portez atteinte à l'immunité du mien; or le cas existe, si vous pénétrez de force dans un navire qui l'a arboré, et qui a prouvé qu'il n'est point supposé. Telle est en peu de mots, suivant la loi des nations, toute la jurisprudence maritime; et il en résulte qu'en pleine mer vous devez respecter mon pavillon,

---

congés pour les Indes occidentales, et pour les îles Saint-Pierre et Miquelon. Le ministère anglais avait des espions dans tous les ports, et il était informé avec les détails les plus minutieux, la plupart du temps inexacts, de tous les objets qu'on embarquait. Les croiseurs anglais saisissaient les navires français jusques dans les hâvres, et à l'embouchure des rivières. Le cabinet de Versailles réclama inutilement contre cette infraction manifeste du droit des nations, et après que la guerre eut éclaté, il établit dans sa réponse au *mémoire justificatif de la cour de Londres,* que l'Angleterre ne pouvait saisir les navires français, quels que fussent les chargemens, ni sur les côtes de France, ni en pleine mer; qu'elle ne pouvait exercer ce droit que dans ses propres eaux, soit en Europe, soit dans l'Amérique septentrionale. La conduite irrégulière de la Grande-Bretagne, et son refus de toute satisfaction pour les violations de territoires, entrèrent pour beaucoup dans les motifs de la guerre.

comme vous exigez que je respecte le vôtre.
Il n'y a point de terme moyen entre ces deux
assertions, à moins que vous n'établissiez
comme tel l'empire de votre canon.

§ X.

Mais, dit-on, le droit de recherche appartient incontestablement à tout croiseur,
parce qu'il ne pourra sans cela être assuré ni
de la qualité des navires, ni de celle de la
cargaison, ni de sa destination ; sans la visite,
on ne saurait s'assurer si le bâtiment est
chargé d'objets saisissables : tous les traités
regardent ce droit comme préexistant, et se
bornent à en régler l'exercice. Sans doute,
ajoute-t-on, c'est *un droit de force*, mais de
force légale, comme cela se pratique dans
le droit civil ; par conséquent le droit de résistance ne peut point exister ; le souverain
neutre intéressé ne peut anéantir le droit du
croiseur ; enfin l'opposition est *une violence
illégale* exercée contre *un droit légal* (1).

Si le lecteur veut se donner la peine d'a-
nalyser ces raisonnemens, et les comparer

____

(1) Le docteur *Scott* déjà cité.

avec les principes que j'ai posés, j'ose croire qu'il ne lui en faudra point davantage pour être convaincu qu'on a métamorphosé en droit légal, incontestable, une pratique qui viole les notions élémentaires du droit des gens, une pratique que la seule convenance peut soutenir; il sentira combien il est étrange d'appeler *légal* un usage fondé, non sur une loi, non sur la sanction générale, non sur le droit des nations, mais sur de simples raisonnemens métaphysiques, et sur des considérations d'intérêt personnel ; un usage appliqué à un élément où il ne peut exister ni domaine, ni juridiction ; il trouvera surtout singulier qu'on avoue que cet usage est fondé sur la *force*, et qu'on l'appelle *force légale*, comme celle qui a lieu en vertu de l'ordonnance d'un juge qui décrète l'arrestation d'un criminel.

Toutefois je me permets d'ajouter les réflexions suivantes : on remarquera qu'on donne au droit du croiseur une telle étendue, qu'il ne lui faut pas même le plus léger soupçon pour visiter un bâtiment neutre; qu'on dit simplement que, sans cette précaution, il ne peut point savoir s'il y a des effets saisissables, c'est-à-dire, que les papiers de mer sont inutiles ; que le sceau du sou-

verain dont ils sont revêtus ne mérite aucune confiance ; que le patron neutre doit
lui-même fournir la preuve du délit qu'on
affecte de supposer, ou qu'on se plaît à croire
possible ; et que pour remplir ce but innocent, il est permis au croiseur, sans même
avoir un soupçon préalable, d'intervertir les
premières notions du droit naturel , de la
morale et du sens commun ; de violer la liberté des mers et l'indépendance des nations.
Sans doute le croiseur peut faire tout cela
par la force ; mais appeler ce procédé *force
légale,* est une chose nouvelle dans le code
des nations, et un texte nouveau à commenter par les publicistes.

Prenons garde que la doctrine que je
viens de combattre est posée en thèse générale, et non comme une conséquence des
traités ; et cependant ceux-ci seuls peuvent
la justifier : mais, loin de là, ils la condam-
nent ; car ils prescrivent tous , comme la
seule précaution nécessaire, l'exhibition des
papiers de mer. Les visites ne sont admises
que subsidiairement en cas de preuves ou
d'indices violens de fraude ; et, pour ren-
chérir sur tous ces paradoxes, on soutient
que le droit de la guerre est illimité, et

de là on infère que les parties belligérantes ont un empire absolu sur mer, et que cet empire s'étend jusqu'à la navigation et au commerce des neutres. Je ne m'arrêterai pas à discuter une opinion aussi erronée, aussi dangereuse, aussi exagérée, lors même qu'il s'agit d'ennemi à ennemi ; mais je crois devoir la réfuter en tant qu'elle concerne les nations neutres.

Mon raisonnement à cet égard est extrêmement simple : la guerre est étrangère aux états neutres, par conséquent les droits qu'elle donne ne peuvent point s'étendre jusqu'à eux ; cette vérité ne souffre point la moindre difficulté. Si cependant le neutre met en danger votre conservation ou vos droits, il n'est plus neutre, il est votre ennemi. Mais si, en usant de ses droits, il ne fait que gêner vos convenances, ou vos vues politiques, ou votre prépotence ; s'il se refuse à des exigences injustes ou qui lui seraient nuisibles, il ne vous offense point en vous résistant : donc vous n'avez aucun droit de prendre des mesures hostiles contre lui. Ainsi, je le répète, votre droit de poursuivre votre ennemi, quelque illimité que vous le supposiez, ne saurait atteindre les

états neutres sans leur faire injure. J'ai déjà
appliqué ces vérités à leur navigation et à
leur commerce ; ainsi je me crois dispensé
de les répéter ici.

§ XI.

Mais en faisant même abstraction de l'illégitimité des recherches en pleine mer, il est
une considération qui en fait sentir tout
l'odieux. Qui est le premier, l'unique juge
de l'importance et de l'exactitude des indices
nécessaires pour rendre un bâtiment suspect?
C'est le croiseur qui a intérêt de trouver
un coupable, afin de s'emparer de sa dé-
pouille. Souvent il est hors d'état de lire ou
de comprendre les papiers de mer qu'on lui
présente; cependant, malgré cette ignorance,
il lui plaît de regarder le bâtiment comme
suspect à l'appui de ces mêmes papiers, ou
de ceux qu'il découvre en fouillant le bâtiment et l'équipage : papiers qu'il est censé
avoir parfaitement compris, puisqu'ils constituent le corps du délit ; il l'arrête, le dé-
tourne de sa route, le jette dans le dédale
d'un procès long et ruineux ; souvent il en
est quitte en disant qu'il s'est trompé : et

lors même que le juge fait le généreux effort d'absoudre le patron neutre , celui-ci n'en éprouve pas moins des pertes aussi iniques qu'elles sont irréparables : on se complaît à croire à la bonne foi, à la candeur, à l'innocence du capteur déçu.

§ XII.

Au surplus, qu'on ne croie pas que la doctrine que je viens d'exposer, soit une simple spéculation philantropique, ou ce qu'on affecte d'appeler dérisoirement philosophie moderne, et encore moins une exagération des principes relatifs à la liberté des mers. J'en trouve les élémens dans un traité conclu à une époque où ce qu'on nomme philosophisme n'était pas encore à la mode: je veux parler du traité conclu à Utrecht en 1713, entre la France et la Grande-Bretagne (1).

------

(1) Je puis également citer le traité des Pyrénées. L'art. XVII porte en substance, que si des vaisseaux français sont rencontrés en mer par des vaisseaux de guerre ou des corsaires espagnols, ceux-ci se tiendront à la portée du canon, et enverront à bord seulement deux ou trois hommes pour voir les passe-

Après avoir spécifié les marchandises dites
de contrebande, et celles qui ne le sont pas,
il indique (art. 22) la forme à suivre à l'é-
gard de la vérification des papiers dé mer.
Les termes sont trop remarquables pour que
je ne les rapporte pas textuellement ; les
voici : « Que si les vaisseaux desdits sujets
» ou habitans de leurs sérénissimes majestés
» de part et d'autre, étant rencontrés faisant
» route sur les côtes ou en pleine mer, par
» quelque vaisseau de guerre de leurs séré-
» nissimes majestés, ou par quelque vaisseau
» armé par des particuliers, lesdits vaisseaux
» de guerre ou armateurs particuliers, pour
» éviter tout désordre, demeureront hors
» de la portée du canon, et pourront en-
» voyer leur chaloupe à bord du vaisseau
» marchand qu'ils auront rencontré, et y
» entrer seulement deux ou trois hommes,

---

ports, auxquels toute foi doit être ajoutée. Mais je
me borne au traité d'Utrecht, comme ayant été conclu
avec la puissance qui est la seule qui soutienne les
principes rigoureux des soupçons et des visites. Je
pourrais y ajouter celui que la même puissance a
signé avec l'Espagne également à Utrecht, et dans
la même année.

» à qui seront montrées, par le capitaine ou
» maître du vaisseau ou bâtiment, *les lettres*
» *de mer qui contiennent la preuve de la*
» *propriété du vaisseau*, et conçue dans
» la forme insérée au présent traité; et il
» sera libre au vaisseau qui les aura mon-
» trés de poursuivre sa route, sans qu'il soit
» permis de le molester ou fouiller en façon
» quelconque, ou de lui donner la chasse,
» ou de l'obliger à se détourner du lieu de
» sa destination ».

Est-il rien de plus précis que les dispositions que je viens de rapporter? peut-on
rendre un hommage plus explicite aux véritables principes du droit des gens? Non seulement les maîtres des bâtimens des deux
puissances contractantes ne sont point obligés de faire connaître leur chargement et
leur destination en pleine mer, ils n'y sont
pas même contraints, quoique longeant les
côtes : le maître constate la propriété de son
navire, pour prouver qu'il n'est ni forban,
ni ennemi ; et, cette formalité remplie, on
ne peut plus rien exiger de lui ; on doit le
laisser continuer sa route, aucun soupçon
ne peut autoriser à l'arrêter et à le visiter.

Il est vrai que le même traité établit une

modification à la règle générale ; il porte (art. 25) que si un bâtiment marchand a résolu d'aller dans un port ennemi, et que son voyage et l'espèce de marchandises de son chargement soient justement soupçonnés, il sera tenu de produire en pleine mer, aussi bien que dans les ports et rades, non seulement ses lettres de mer, mais aussi des certificats qui marquent que ces marchandises ne sont pas du nombre de celles qui ont été défendues.

Cette exception nous fournit trois remarques : l'une que les bâtimens, non destinés pour un port ennemi, ne sont point obligés de faire connaître la nature de leur chargement ; la seconde, que les bâtimens destinés pour un port ennemi et rencontrés en pleine mer, ne sont assujettis à la formalité de l'exhibition de leurs certificats ou déclarations de marchandises, que dans le cas où leur voyage et leur chargement seraient justement soupçonnés ; la troisième, que ce soupçon n'a pas d'autre effet que celui de l'exhibition des certificats, et qu'il n'autorise aucune visite pour en constater la fidélité, et encore moins pour en rechercher des preuves en fouillant le navire et en interrogeant l'équipage. L'article 26 confirme positivement ces remarques : car il ne parle que des marchandises défendues et déclarées de contrebande reconnues par les certificats ; le mot *soupçon*, pour autoriser des visites, n'est pas même énoncé. La disposition que je viens d'indiquer, est confirmée par une convention additionnelle, signée à la suite du traité. L'article 9 est conçu en ces termes : « Et quand, par les lettres de » mer et les certificats, il apparaîtra suffi- » samment de la qualité du vaisseau, et » de celle de ses marchandises et de son » maître, *il ne sera permis aux comman- » dans des vaisseaux de guerre*, SOUS » QUELQUE PRÉTEXTE QUE CE SOIT, *de » faire aucune vérification* ». Voilà donc les présomptions, les soupçons textuelle- ment proscrits relativement aux visites ; or, on sait que c'est là l'inépuisable source d'où découlent les vexations que les neutres éprouvent.

Je suis donc autorisé à soutenir, d'après l'exemple de deux grandes puissances, de deux puissances rivales, que la visite des bâtimens neutres en pleine mer, telle qu'elle se pratique aujourd'hui, n'est point fondée sur un usage général et constant; qu'elle est encore moins conforme aux véritables principes du droit des gens ; que, lorsque les puissances en guerre l'exercent de leur seule autorité, elles commettent un acte de violence ; que l'exemple des nations qui s'y soumettent, soit par des conventions, soit pour toute autre cause, c'est-à-dire, qui subordonnent une des plus précieuses prérogatives de l'indépendance à des considérations particulières, que leur exemple, dis-je, ne saurait servir de règle, et qu'au défaut de stipulation, la résistance est fondée sur les premiers élémens de la raison naturelle et du code des nations.

§ XIII.

Je prévois que des critiques pour qui la pratique est la loi suprême, et qui pensent que les droits de la guerre absorbent tous les autres droits du genre humain, attaqueront ma doctrine concernant les visites, non comme immorale, mais comme impraticable, et que pour le prouver ils affirmeront qu'elle assurerait l'impunité de la fraude ; ils ajouteront que si les neutres ont leur liberté à défendre , les puissances en guerre ont à défendre leur sûreté , et qu'elle serait dans le plus imminent danger , sans le droit de visiter des bâtimens neutres partout où on les rencontre, qu'il y ait des traités ou non.

Voici ma réponse : 1° malgré les précautions prises par les traités, la pratique de la course est infectée d'un grand nombre d'abus et de vexations ; le croiseur ne rencontre pas un bâtiment neutre, quelle que soit sa destination , sans y exercer le droit de recherche, non pour constater la fraude, mais pour la découvrir ; il ne lui faut ni preuve antécédente, ni soupçons violens ; il en imagine à son gré, son canon fait le reste, et où sont les témoins pour l'accuser ? Si cette pratique est raisonnable, si elle est juste, si elle concilie les droits respectifs; enfin si elle est nécessaire pour la sûreté, le salut des belligérans, je n'ai plus rien à répondre sur ce point : le neutre doit être sacrifié, surtout s'il est faible. 2° Quant à la protection que ma théorie assurerait à la fraude, je la cherche en vain. Un navire marchand a une destination quelconque ; le croiseur la connaît par l'examen des papiers de mer, dont il a le droit d'exiger l'exhibition ; si, malgré leur régularité, il a quelque doute sur l'innocence du chargement, il est le maître de suivre le navire jusqu'à ce qu'il soit dans les eaux ennemies : et là il a le droit incontestable de le visiter, s'il a des preuves de fraude. Or, je ne vois rien d'impraticable dans cette marche ; et il me semble qu'il y a moins d'inconvénient à adopter la mesure que j'indique, qu'à exposer un navire neutre à être bouleversé en pleine mer, à moins qu'on ne considère comme une chose grave la petite incommodité qu'éprouve le croiseur, ou qu'on ne dise que l'indépendance des nations, la dignité de leur pavillon ne sont que des idées métaphysiques que l'intérêt politique doit renvoyer dans la région des chimères. 3° Le salut de l'état belligérant doit sans contredit l'emporter sur les droits des neutres, même sur leur existence : mais comment ce salut peut-il péricliter, si le neutre n'est pas fouillé en pleine mer ? Il périclite, dit-on, parce que le neutre, ne craignant pas la visite en pleine mer, chargera impunément des objets dangereux, c'est-à-dire, des armes et des munitions de guerre, même des munitions navales. Mais la présomption est contraire à cette manœuvre : car, en premier lieu, il est impossible de charger du canon furtivement; le commerce n'en procure nulle part, et il est impossible de soupçonner le souverain neutre d'en fournir de ses arsenaux. Il en est de même de la poudre, dont la fabrication n'est point libre. Quant aux fusils, aux sabres , etc. , quelle puissance maritime , comme je le dis ailleurs (1), est dans le cas de s'en pourvoir chez l'étranger? Je ne dis rien des munitions navales, qu'on ne saurait cacher à fond de cale. Mais enfin , si la crainte du danger l'emporte sur la saine raison, que le croiseur poursuive la proie qu'il convoite, qu'il la visite, qu'il la saisisse dans les eaux ennemies , si elle est en fraude ; qu'il en use de même si elle fait fausse route sans nécessité. 4° Le droit de visiter les bâtimens neutres partout où on les rencontre, n'est ni admis , ni admissible ; il est contraire aux notions élémentaires du droit des gens ; il est démenti par les usages même de la guerre. Le pavillon neutre doit

____

(1) Ch. VII.

être respecté partout où il n'est pas dans le domaine des nations belligérantes. S'il est dans un port ou dans une rade neutre, on n'a pas même le droit d'exiger l'exhibition de ses lettres de mer. 5° Quant à la faculté de violer les traités, elle n'exige point de réponse.

CHAPITRE XVII.

De la résistance.

§ Ier.

Sans doute le droit de résistance dont je viens de parler est contesté ; et il a donné lieu naguère à des contestations sérieuses (1). On soutient qu'un navire neutre ne peut en aucun cas s'opposer à la visite de la part d'un croiseur, et que sa seule résistance suffit pour le mettre dans le cas de la confiscation. Voyons sur quoi peut être fondée une pareille doctrine.

§ II.

Pour que la résistance, dans le cas dont il s'agit, puisse être considérée comme un délit,

---

(1) Il s'agit de la résistance faite par une frégate suédoise escortant un convoi marchand. La résistance fut le motif du jugement portant confiscation, prononcé par l'amirauté d'Angleterre.

il faut une loi quelconque qui la caractérise ainsi ; car il est certain qu'elle n'en est pas plus un par sa nature, que ne l'est la résistance au vol et à l'assassinat. Entre nations il n'existe que deux espèces de lois, les conventions et, à leur défaut, les principes du droit primitif des gens. Les conventions imposent une obligation formelle, directe, volontaire ; le droit des gens en impose une qui résulte des bases fondamentales de l'ordre social. Ces bases, comme je l'ai déjà établi, sont l'indépendance et la réciprocité. Sans indépendance il n'existe point de nation, et sans la réciprocité elles sont dans un état perpétuel de guerre et de destruction.

§ III.

Aucune convention ne renferme de stipulation directe, explicite, concernant la résistance des navires neutres ; elles établissent des restrictions relativement à la liberté indéfinie des mers, et admettent le droit de visite comme moyen de les maintenir. C'est par une suite de ce droit que la résistance est considérée comme un délit et qu'on la punit.

§ IV.

Ainsi, pour avoir une idée exacte de la résistance, il faut la caractériser d'après son objet et ses circonstances.

Les engagemens contractés par un souverain obligent sans contredit ses sujets : ainsi, s'il a souscrit au droit indéfini de visite, il a par-là indirectement, mais nécessairement, défendu la résistance, et le maître de navire qui l'emploierait serait coupable. Mais si le droit dont il s'agit n'est pas indéfini, s'il n'est admis que dans des cas déterminés, si, hors ces cas, la visite est interdite, elle ne peut être envisagée que comme un acte de violence : par conséquent la résistance est de droit ; elle l'est d'autant plus, que le souverain neutre, en consentant à la visite, a bien eu la volonté de soumettre son sujet à une gêne, même à une punition. Mais il n'a pu vouloir donner ni à l'un, ni à l'autre, une extension illimitée, et une application arbitraire : il a incontestablement conservé le droit de repousser les excès.

Ainsi, je suppose qu'un bâtiment neutre, naviguant en pleine mer, est rencontré par un croiseur de la puissance belligérante avec qui son souverain est lié par une convention, le croiseur est autorisé à exiger les lettres de mer pour s'assurer que le navire n'est ni forban, ni ennemi; je suppose même qu'il est en droit de faire l'examen des certificats constatant la nature et la destination du chargement. Le patron neutre satisfait à toutes ces demandes; et ses papiers, comme sa cargaison, se trouvent en règle : ainsi il doit être libre de continuer sa route. Cependant il plaît au croiseur d'alléguer des soupçons sur la véracité des papiers, il suppose de la fraude, et en conséquence il prétend avoir, de son autorité privée et d'après sa seule opinion, le droit de faire la visite du navire, c'est-à-dire, d'y mettre tout en désordre pour découvrir des preuves de la fraude présumée. Le patron neutre a le droit de résister à l'exigence du croiseur; et, s'il est en état de le faire, il le doit pour la dignité même de son pavillon ; ou, si la force l'oblige de céder, il est du devoir rigoureux du gouvernement du capteur de châtier celui-ci, parce qu'il a violé et la convention, et les obligations résultantes du droit des gens : car enfin, et il importe de ne point perdre de vue cette vérité, la visite suppose la preuve du délit, et non le droit de la chercher en fouillant un navire, et en donnant la question au maître et à l'équipage. La preuve doit être préexistante, et non le résultat de la visite. Si l'on s'écarte de la rigueur de ces principes, il n'y a plus ni liberté, ni indépendance : les états d'un ordre inférieur n'ont d'autre parti à prendre que de plier sous le joug.

§ V.

Il est des gouvernemens qui règlent par des ordonnances la conduite de leur marine et des armateurs particuliers. Quelquefois ils font, dans la même vue, en temps de guerre, des réglemens, des proclamations, des déclarations. Mais tous ces actes sont étrangers au code des nations ; ils ne peuvent obliger que les sujets, parce qu'ils sont une émanation de la juridiction. Or, les nations n'en reconnaissent aucun entr'elles ; et vouloir les y soumettre malgré elles, serait une prétention que la prépotence seule pourrait rendre efficace : ainsi, elle seule pourrait, dans ce cas, empêcher l'exercice très-légitime du droit de résistance. Toutefois, si ces mêmes actes sont notifiés aux états neutres, et s'ils y acquiescent expressément ou tacitement, ils équivalent à des conventions, et doivent produire le même effet obligatoire.

§ VI.

Mais s'il n'existe ni traité ni équivalent, les principes primitifs de la liberté sont la seule loi des puissances neutres, comme de celles qui sont en guerre. Or, d'après ces principes, il ne peut exister en pleine mer d'autre formalité que celle de constater la qualité neutre du navire. Tout ce que le croiseur exige au-delà est évidemment illégal ; car, pour être autorisé à faire la visite, on ne saurait trop le redire, il faut un engagement positif. On a beau invoquer l'usage, il n'impose d'obligation qu'à ceux qui l'ont reconnu volontairement : hors de là, il n'existe que du fort au faible. La doctrine que nous prêchons est plus importante pour le maintien de la paix et de l'ordre social, que ne peuvent être nuisibles quelques abus, quelques chétives prises qu'ils favorisent. La puissance peut rendre muets tous les devoirs, mais jamais elle ne les anéantira. On doit conclure de tout ce que je viens de dire, que, dans notre dernière hypothèse, le droit de résistance ne saurait être révoqué en doute.

§ VII.

Pour présenter sous un seul point de vue les trois distinctions précédentes, je dis, 1° que lorsque le droit de recherche ou de visite est reconnu, il ne peut être exercé que conformément au texte précis des actes qui l'établissent ; que toute extension est illégale, et la résistance de droit ; 2° qu'au défaut de convention, le droit de résistance est inhérent à l'indépendance, et que contester l'un, c'est contester l'autre ; 3° qu'aucun usage général ne peut être allégué, parce que les usages n'obligent que ceux qui les ont reconnus, ou qui n'ont pas de moyens pour s'y soustraire.

§ VIII.

Au surplus, je n'ignore pas que ceux qui combattent le droit de résistance, soutiennent que tout vaisseau neutre qui s'oppose à la visite est de fait saisissable et de bonne prise, et que ce principe a été de tout temps universellement admis ; que ce droit résulte nécessairement de l'état de guerre ; que ce n'est qu'aux modifications et aux limitations de ce même droit que les traités particuliers sont applicables (1). Ces assertions méritent d'être examinées ; et je prie le lecteur de me pardonner, lorsqu'à chaque proposition, pour ainsi dire, il faut remonter aux principes.

§ IX.

On dit que le droit de visite est généralement admis : j'en conviens ; mais résulte-t-il de là qu'il doit être arbitraire, qu'il est illimité dans ses formes comme dans son application ? Certainement on ne le soutiendra point. Aucune convention ne l'admet comme tel : toutes, au contraire, fixent les cas où il peut être exercé, et en prescrivent le mode. Tant que le croiseur se tient dans cette double mesure, la résistance du patron neutre est un délit. Dans le cas contraire, ce dernier n'est plus tenu à rien, et il oppose très-légalement

_____

(1) Débats du parlement d'Angleterre. Séance du 2 fév. 1801. Discours de M. *Pitt.*

la résistance à une entreprise illégale. Mais, dit-on, les conventions sont une modification, une limitation du droit de visite. Il résulterait de là (et c'est ce qu'on prétend dire) qu'il est illimité par sa nature, et qu'il existe par lui-même, indépendamment de toute convention. Mais, dans ce cas, dans quelle source le puise-t-on ? Quelle peut en être la mesure ? Il est fondé, dit-on, sur le droit de la guerre : ce droit est illimité ; donc le droit de visite l'est également. J'admets, si l'on veut, que le droit de la guerre est indéfini ; mais je nie qu'il soit illimité : l'objet de ce droit est de forcer par les armes un ennemi de donner la satisfaction qu'il refuse. Celui qui la poursuit emploie les moyens que les conjonctures exigent pour atteindre à son but : c'est en cela, c'est-à-dire, dans le mode que son droit est indéfini ; mais il ne peut point aller au-delà du terme que j'ai indiqué ; et c'est par cette raison que le droit de la guerre est circonscrit. Au surplus, ni dans ce cas, ni dans l'autre, ce droit ne peut s'étendre sur un tiers à qui la contestation est étrangère : on ne peut point le gêner malgré lui dans l'exercice de tous ses droits, sans porter atteinte à son indépendance. On invoque la nécessité. Sans doute elle forme une exception; car elle ne connaît point de loi. Mais vous, puissance belligérante, êtes-vous le juge exclusif de l'application de ce mot? Pouvez-vous la faire selon votre caprice, ou votre convenance? Votre décision est-elle sans appel? Non certes: la nécessité n'existe que dans le cas où votre conservation serait en danger; et alors, moi neutre, je conviens que je dois m'abstenir de tout ce qui pourrait maintenir ou augmenter le danger : c'est par cette raison que je suis d'accord que je ne dois fournir ni troupes, ni armes, ni munitions de guerre. Hors de là je ne vous dois plus rien; et ce que vous exigeriez de plus, vous ne pourriez l'obtenir que par la force, c'est-à-dire, en me faisant injure. Voilà, je pense, les véritables principes du droit des gens relativement à la guerre, aux visites et à la résistance. La visite présuppose la preuve de la fraude contraire à une obligation reconnue ; la résistance repousse un injuste soupçon, ou un acte de violence. Dans le premier cas le neutre est coupable, dans le second c'est le croiseur; et cependant, dans l'un comme dans l'autre, on prétend punir le neutre. Quelle jurisprudence !

13.

~~~~~~

CHAPITRE XVIII.

Des escortes militaires.

§ I.

Les détails dans lesquels je viens d'entrer peuvent servir à éclairer une question nouvelle, et devenue importante par les événemens qu'elle a occasionnés : je veux parler des droits attachés à un bâtiment de guerre escortant des navires marchands. J'ai établi plus haut qu'un navire marchand, quoique naviguant seul, ne peut être assujetti en pleine mer à autre chose qu'à prouver sa qualité de neutre, à moins qu'il n'existe des conventions particulières à cet égard. C'est dans cette dernière hypothèse qu'on demande si la présence d'un bâtiment de guerre dispense de cette formalité les navires marchands qu'il protège ? si la déclaration de l'officier commandant suffit pour la remplacer ? enfin, si elle est exempte de toute recherche (1) ?

____

(1) Je dis que cette question est moderne, parce qu'il n'est fait mention d'escorte militaire dans aucun traité,
~~~~~~

§ I I.

Le pavillon militaire prend sous sa conduite les navires marchands, pour les protéger
contre les actes arbitraires, les vexations, le
pillage, en un mot, contre la rapacité des

---

antérieur à la convention de 1780. Elle établit (§ XXVI),
à la vérité, des escadres pour la protection des bâtitimens marchands appartenans aux parties contractantes ; mais elle ne leur assigne aucune autre fonction ; elle laisse subsister les visites conformément
aux traités antérieurs. Le premier, à ce que je sache,
qui ait parlé de déclaration verbale de la part de l'officier commandant une escorte, a été conclu en 1782
entre la Russie et le Danemarck ; et cette disposition
a été ensuite répétée dans tous les traités de commerce
de la Russie, à l'exception de celui qu'elle signa avec
l'Angleterre en 1797. Elle est aussi énoncée dans une
convention signée en 1800 entre la France et les
États-Unis de l'Amérique ; mais dans tous, il faut
en convenir, les stipulations sont énoncées dans des
termes si généraux, et en même temps si concis, que
faute de prévoir tous les incidens, elles n'ont indiqué
aucun moyen, soit de les ajuster, soit de les prévenir.
D'ailleurs, les parties contractantes pouvaient-elles se
flatter que leurs engagemens particuliers introduisant
un mode nouveau, quelles qu'en soient la justice et
l'utilité, seraient de droit obligatoires pour les autres

croiseurs. C'est là le motif direct, unique, de la mission du commandant de l'escorte. D'après la nouvelle méthode, il est chargé, en outre, d'attester la régularité des papiers de mer et des certificats de chargement, et d'écarter par-là tout soupçon de fraude et toute re-

---

puissances ? Cette marche n'est connue, ni dans le droit des gens, ni dans le droit civil, encore moins dans l'empire de la politique. La force seule pourrait la rendre efficace, comme c'est la force qui la rendrait inefficace : ce moyen est toujours celui de l'amour-propre déçu, ou celui de la prépotence. On sait qu'un convoi suédois fut saisi (1799) par des vaisseaux anglais, quoiqu'escorté par une frégate, et que peu de temps après deux convois danois éprouvèrent le même sort. La cour de Londres, pour justifier ses procédés, allégua l'usage et les traités. L'humeur gagna de part et d'autre, et (selon la marche habituelle), imprima aux négociations un ton d'aigreur et de reproche. Cet état des choses accéléra la nouvelle coalition maritime, occasionna le bombardement de Coppenhague, et fit éclore la convention de 1801, qui donna en grande partie gain de cause à la cour de Londres ; car malgré l'escorte militaire, le droit de visite fut maintenu : on se contenta de l'ôter aux corsaires. Le lecteur trouvera les détails de ces événemens, en tant qu'ils sont publics, dans la collection des traités par *Martens*, vol. 9.

cherche ou visite ultérieure. Il est l'organe immédiat de son gouvernement; c'est en son nom qu'il est présent, qu'il agit, qu'il protège, qu'il atteste. Si donc, se trouvant en pleine mer, et s'étant fait connaître selon les formes reçues, il atteste, au nom de son souverain, que tous les navires qu'il escorte sont neutres, et que leurs papiers sont en règle, conformément aux traités ou aux usages généralement reçus, les égards que les souverains se doivent mutuellement, comme la considération qu'il leur importe de donner à leur marine, veulent qu'il soit ajouté foi à cette déclaration; et on le peut avec d'autant moins de risque, que l'officier qui la donne ne fait que confirmer par son témoignage, en vertu d'une commission expresse, et d'après les précautions qu'il a dû prendre personnellement, ce que son souverain et ses agens attestent par les papiers de mer. Sa mission et son état sont garans de sa véracité et de sa bonne foi : sa déclaration vaut bien celle des officiers des douanes, ou de tout autre agent du gouvernement : elle est une garantie de plus de leur fidélité, et la révoquer en doute serait une offense gratuite; ce serait du moins s'attacher à la lettre des traités sans l'apparence d'un motif légitime , et s'écarter du sens que la saine raison et la bienséance indiquent.

§ III.

Aux considérations qui viennent d'être alléguées en faveur du vaisseau de guerre, je crois pouvoir ajouter la suivante. Ce vaisseau domine sur toute la portion de la mer qui se trouve dans ses eaux , je veux dire à la portée de son canon ; personne ne peut y pénétrer malgré lui ; il y exerce toute juridiction , et cette juridiction doit être respectée par les vaisseaux armés des puissances en guerre , comme on doit respecter la leur. Il résulte de là , que le vaisseau protecteur d'un convoi marchand est inaccessible, et qu'il en est de même pour tout ce qui se trouve sous son canon. Si le principe est vrai, comme je le pense, la conséquence qui en découle est sans réplique. Le seul devoir à remplir par le vaisseau neutre qui rencontre un vaisseau d'un état en guerre , est d'assurer son pavillon, selon les usages de la mer, ainsi que doit le pratiquer ce dernier. Tout ce qu'il fait au-delà doit être considéré comme une pure courtoisie : c'est à ce titre , et à ce seul titre , qu'il transmet au commandant du vaisseau en croisière l'assurance de la neutralité de son convoi. De cette manière , le neutre satisfait au-delà de son devoir au droit de recherche réclamé par les puissances en guerre , et le croiseur doit s'en contenter. Telle est la pratique que commande l'honneur des pavillons, et que conseille le maintien de la paix. Si l'on objecte les droits de la guerre , je réponds qu'on objecte la loi du plus fort, et qu'une puissance égale ou supérieure ne s'y soumettrait point. D'ailleurs, l'objection serait d'autant plus odieuse, qu'elle serait sans motif : je dis qu'elle serait sans motif , parce que la déclaration du commandant neutre doit calmer toute inquiétude sur la nature de son convoi. Elle équivaut à un serment, et repousse tout soupçon d'infidélité ; sinon l'honneur militaire est un simple préjugé, une pure chimère.

§ IV.

Mais si , malgré les assurances du commandant du convoi, et malgré les précautions prises par lui-même comme par son gouvernement, le vaisseau de guerre lui présente, non des soupçons, non des indices, mais des preuves évidentes de propriété de navires simulée, ou de cargaisons et de destinations frauduleuses, ou que des navires ennemis ont arboré le pavillon neutre, pourra-t-il, dans ces cas, insister avec décence sur la dignité du sien, sur la fidélité irréfragable de sa déclaration ? Pourra-t-il d'autorité soutenir fausses les preuves qu'on lui aura administrées ? ou bien les méprisera-t-il ? ou, enfin, protégera-t-il le coupable qui lui en aura imposé, qui aura trompé son gouvernement, et trahi son serment ?

Il importe de faire ici une distinction qui paraît essentielle. Les traités autorisent ou n'autorisent pas les visites et les soupçons en pleine mer. Dans ce dernier cas, le commandant du convoi n'a rien à écouter : en attestant la neutralité de son convoi, il a pleinement satisfait à son devoir. Mais si les traités autorisent la visite en cas de preuves ou de soupçon fondé de la fraude, je pense que le commandant du convoi n'est point autorisé à les rejeter ; car il violerait un engagement formel de son souverain, il donnerait par-là atteinte à son caractère, il rendrait suspecte sa loyauté, il serait à juste titre accusé de connivence, ou au moins de légèreté ; en un mot, il compromettrait les deux souverains. D'ailleurs, celui du croiseur, en s'adressant directement, comme il y serait autorisé, à celui du patron convaincu de fraude, obtiendrait sans doute la satisfaction que le commandant du convoi aurait injustement refusée ; car, enfin, aucun souverain ne peut être présumé vouloir protéger la fraude, tandis que ses engagemens lui font un devoir de prendre les mesures les plus rigoureuses pour l'empêcher : il veut, il doit protéger un commerce innocent, et non une coupable avidité. L'établissement des escortes ne saurait avoir pour but de rendre ses mesures illusoires, de les faire regarder comme un vain simulacre : le simple soupçon serait une injure. Ainsi, il paraît que la justice, d'accord avec la bienséance, doit conseiller au commandant du convoi de prendre en considération les dénonciations du croiseur. Si elles sont vagues, insignifiantes, de simples présomptions, des dénonciations anonymes, elles ne méritent aucun égard ; car, ni les traités ni la saine raison ne les admettent : elles ne sont que le produit de l'avidité ou de quelque délation clandestine , peut-être concertée. Mais si elles sont fondées sur des titres positifs , évidens , on ne voit aucune raison ni de justice , ni de convenance , ni de dignité qui puisse les faire rejeter. Toutefois, en les admettant, le commandant du convoi doit lui-même en faire la vérification ; il ne peut point admettre qu'elle soit faite par le croiseur ; car ce serait en cédant sur ce point qu'il blesserait la dignité de son pavillon , en ce qu'il souffrirait qu'un étranger exerçât un acte d'autorité là où lui seul doit commander (1). Tout ce qu'il peut et même doit admettre, c'est la présence d'un officier de la part du croiseur. S'il se refuse à cette mesure par un faux point d'honneur, il court le risque de se compromettre, en provoquant une querelle inévitable, et même des voies de fait, dont il serait impossible de prévoir les conséquences.

§ V.

Mais malgré la marche et les précautions

---

(1) La convention entre la Russie et l'Angleterre , signée en 1801 , attribue ce droit au commandant du vaisseau de guerre en croisière ; *voyez* ch. XXVII.

que je viens d'indiquer , il est deux cas qui semblent offrir des embarras , tant pour le croiseur que pour le commandant du convoi , si les deux gouvernemens ne sont pas d'accord : c'est , 1° lorsque les bâtimens escortés sont chargés de marchandises appartenantes à l'ennemi (1) ; 2° lorsque l'état en guerre regarde comme prohibées les marchandises que le neutre regarde comme libres. Les deux officiers ont des instructions conséquentes aux principes de leurs gouvernemens respectifs ; ainsi elles sont nécessairement opposées ; et ,

---

(1) C'est là précisément ce qui causa une discussion assez vive entre les cours de Londres et de Berlin. Durant la guerre de 1740, des navires prussiens transportaient des marchandises de propriété française et espagnole, ou en étaient au moins soupçonnés. Les croiseurs anglais en saisirent un assez grand nombre qui furent déclarés de bonne prise. Le gouvernement anglais soutenait que, par le droit des gens, les neutres n'ont point la liberté de charger des marchandises ennemies ; le gouvernement prussien soutenait le contraire. Je rends compte dans une autre note de l'issue de cette contestation. On en trouvera l'exposé et les pièces dans un écrit de Frédéric *Bœhmer,* ayant pour titre : *Observations du droit de la nature et des gens, touchant la capture et détention des vaisseaux neutres,* etc. Hambourg , 1771.

dans ce cas, quel est le moyen de conciliation?
La force seule semble donc devoir terminer
la contestation. Mais il est évident, quelle
qu'en soit l'issue, que le gouvernement du
croiseur aura soutenu une cause désavouée
par les principes les plus certains de la loi
des nations ; et son tort sera d'autant plus
manifeste (abstraction des usages reçus entre
bâtimens de guerre), que la cause des neutres,
indépendamment des principes, est appuyée
d'un si grand nombre de traités de commerce, qu'on peut en quelque sorte les considérer comme formant le droit commun, et
regarder comme de simples exceptions produites par des circonstances particulières ceux
qui renferment des restrictions à cet égard.

§ VI.

Mais enfin fixons l'état de la question.

S'il existe un traité, il est la loi commune
des deux commandans. S'il n'en existe pas,
il s'agit de savoir s'il y a eu des déclarations
ou des réglemens communiqués et adoptés
officiellement. Dans ce second cas, le croiseur
et le neutre ont également une loi commune.
S'il n'y a ni traité, ni déclaration, le droit

des gens prend tout son empire ; c'est d'après ses principes que les deux parties doivent se conduire, et celle qui s'en écarte, commet une injustice que la force a le droit de repousser. On ne saurait point invoquer d'usage général, parce qu'il n'en existe point : la preuve en est dans la variété des traités et de la politique. D'ailleurs il n'existe, pour une nation indépendante d'autre usage que celui qu'elle a reconnu.

§ VII.

Au reste, je n'hésite pas à dire que si les puissances maritimes rayaient de leur code l'odieux chapitre des soupçons et des présomptions, et si, se respectant mutuellement, elles convenaient de se contenter des papiers de mer, les contestations cesseraient, ou du moins deviendraient infiniment rares, et la question sur l'immunité des pavillons en pleine mer serait décidée par le fait, comme elle l'est par le droit : en effet, il n'existerait plus ni motif, ni prétexte pour l'enfreindre ; car il est naturel de penser (et abstraction faite des traités, les égards que les états se doivent mutuellement l'exigent), il est naturel de

penser, dis-je, que les neutres se feront un
point d'honneur de surveiller avec la plus
grande rigueur la régularité et la fidélité des
papiers et des chargemens garantis par leur
sceau. Et si enfin on persiste, d'un côté, à
voir du danger dans l'exemption des neutres
de tout contrôle, de tout frein et de toute
contrainte en pleine mer, et que, de l'autre,
considérant les avantages d'une navigation
paisible, on la préfère à l'exercice illimité des
droits attachés à l'indépendance, ce moyen
de conciliation se présente de lui-même; c'est
celui que nous offre le traité de commerce
d'Utrecht : il consisterait dans l'exhibition
des papiers énonçant, outre la propriété
neutre du navire, la nature des chargemens
destinés pour un port ennemi ; mais c'est là
où doit se borner toute vérification ; il ne doit
être question d'aucune espèce de recherche,
ni de visites ultérieures. Cette précaution suffirait pour rendre les expéditionnaires neutres
circonspects, et elle sauverait la dignité des
gouvernemens évidemment compromise par
les recherches, les visites, les inquisitions,
les interrogatoires faits malgré les documens expédiés en leur nom et revêtus de leur
sceau. Et pourquoi le souverain du patron

surpris en fraude, outre la confiscation, ne le punirait-il pas particulièrement? Car il est coupable d'un double délit, l'un envers la puissance en guerre, l'autre envers son propre gouvernement, dont il a violé l'engagement, et surpris la foi par un faux serment. Tous les gouvernemens étant d'accord sur ce mode, il constituerait le droit des gens conventionnel; et, par ce léger sacrifice de la liberté indéfinie des mers, ils tariraient ou au moins diminueraient la source des contestations que cause l'odieux droit de *recherche;* il ne serait plus question de cet étrange droit qu'on nomme *force légale;* et l'on assurerait d'autant plus ce mode proposé, si (tant qu'on conservera l'usage des corsaires ou armateurs particuliers) on leur enjoignait de borner leurs croisières et leur avidité à la surveillance et à la capture des bâtimens ennemis. La mesure que je propose serait un bienfait pour l'humanité; et, en supposant même la facilité de quelques abus, ils ne pourraient qu'être insignifians; et certes le mal qui en résulterait, même en l'exagérant, ne saurait entrer en balance avec les précautions vexatoires qu'on est dans l'usage de prendre pour les prévenir.

I. 14

CHAPITRE XIX.

Des siéges et des blocus.

§ Ier.

Une place est en état de siége quand elle est investie, et que le canon ennemi peut l'atteindre. Elle est seulement bloquée, quand l'ennemi se borne à cerner tellement les issues et avenues, qu'on ne peut y pénétrer ni en sortir. Ainsi le blocus sur mer comme sur terre n'a et ne peut avoir d'autre objet que de resserrer une place, de manière qu'il ne puisse y entrer ni secours, ni subsistance, et de forcer par-là l'ennemi de se rendre pour se soustraire à la famine.

On demande si le blocus peut s'étendre sur une rade, une plage, une côte? La réponse la plus naturelle est celle que nous fournit le terme même. L'objet du blocus est d'ôter à une place toute communication au-dehors. Ainsi tout ce qui peut contribuer à ce but, fait partie du blocus; et tout ce qui n'y contribue pas, lui est étranger. Développons cette explication.

§ II.

On bloque par mer une place située sur la côte, dans un havre, ou vers l'embouchure d'une rivière. Dans ces trois cas, l'ennemi qui veut bloquer, doit établir des forces stationnaires suffisantes pour empêcher toute approche, et ces forces il peut les placer dans tous les points nécessaires pour remplir son objet. Au-delà de cette ligne, les droits attachés à celui de blocus cessent, et ceux des neutres reprennent toute leur activité. Il résulte de là qu'on ne peut point bloquer des côtes, des rades placées hors de la circonférence du blocus d'une place, et que les neutres ont le droit de naviguer librement, sauf celui du croiseur, si le neutre est dans les eaux de l'ennemi, d'exercer le droit de recherche ou de visite, en conséquence de sa juridiction transitoire.

§ III.

Dans ce cas, me dira-t-on, le vaisseau qui croise sur une côte ennemie, est autorisé à y intercepter la navigation des neutres, et à empêcher toute communication avec le pays ennemi ; mais cette conséquence n'est point juste. Pour avoir des droits quelconques sur un domaine en temps de guerre, il faut une possession réelle et non fictive : or, un vaisseau qui est en croisière ne l'a point, et ne saurait l'avoir : il ne domine que dans les eaux que son canon peut atteindre. Tout ce qui est en dehors est libre : ce qui fortifie cette conséquence est que les eaux qui baignent un rivage ne sont censées faire partie du continent voisin qu'aussi loin que le souverain peut les atteindre, et les défendre de la côte. Or, le croiseur n'est point dans ce cas tant que la côte n'est pas en son pouvoir. Ainsi, il est sans titre pour réclamer le domaine appartenant à son ennemi. De là résulte, selon le droit des gens positif, que vous, puissance en guerre, vous ne pouvez point m'empêcher, moi neutre, de naviguer et de continuer mes rapports commerciaux innocens avec votre ennemi ; que votre seul droit consiste à prendre les mesures admises pour que je ne fournisse à votre ennemi ni secours, ni marchandises prohibées : c'est jusques là, et jusques là seulement, que s'étend le fléau de la guerre maritime. Ce principe positif est consacré et par le droit coutumier, et par le droit conventionnel ; et jamais aucun gouvernement juste ne l'a révoqué en doute.

§. IV.

Ainsi, pour que le blocus soit respecté, il faut qu'il existe de fait, et non dans la seule pensée : car on ne saurait dominer sur une contrée, la conquérir, sans l'occuper et sans pouvoir la défendre. La simple déclaration est insuffisante : il faut du canon stationnaire pour la rendre efficace ; sinon, je le répète, un gouvernement pourrait bloquer toutes les rivières, toutes les côtes de l'Europe, des quatre parties du monde, sans faire bouger un vaisseau ; la seule volonté suffirait pour faire des conquêtes sur le continent (1).

____

(1) Cette matière a donné lieu à de vifs débats entre la France et la Grande-Bretagne, et ils subsistent encore ; mais les détails en sont trop longs et trop compliqués pour pouvoir être rapportés ici et mis dans tout leur jour. Tout ce qu'on peut dire est que la cour de Londres a, par ses déclarations de

§ V.

Au surplus les siéges et les blocus doivent être notifiés d'avance aux neutres. Cette précaution préalable est de rigueur ; et, après qu'elle a été prise, tout neutre surpris en dedans de la ligne du blocus, est dans le cas d'être saisi.

---

blocus indéfini, dénaturé et les principes et les usages, et qu'elle a porté une atteinte injustifiable aux droits et aux premiers élémens du droit des gens. D'après cela, peut-elle se plaindre de ce qu'on l'accuse d'aspirer à l'empire universel des mers, et de ne continuer la guerre que pour le consolider ?

CHAPITRE XX.

Du Juge compétent des Prises.

§ Ier.

Après avoir discuté les principes relatifs aux visites et aux prises, il est nécessaire de déterminer la compétence des juges qui doivent connaître de cette matière ; elle est d'autant plus importante, que rien n'est comparable aux désordres qu'offre l'océan en temps de guerre : l'avidité et la férocité y semblent érigées en divinité. Aussi est-on effrayé des scènes qu'elles causent ; on l'est surtout en jetant le regard sur l'immense quantité de procès qui en sont le résultat. Je passe sous silence les injustices auxquelles la politique et l'incertitude des principes donnent lieu.

Suivant la pratique générale, un bâtiment saisi est jugé par le gouvernement du capteur ; et cet usage peut être regardé comme une partie du droit des gens coutumier. Je pense qu'il peut être utile de rechercher les motifs sur lesquels il est fondé, ainsi que d'examiner le caractère, la règle et les fonctions des juges à qui la compétence est attribuée.

§ II.

Il est constant qu'au premier aspect l'usage dont il s'agit paraît contraire à la loi primitive du droit des gens : on sait que cette loi a pour fondement l'indépendance réciproque des nations, et qu'elles en jouissent sur mer comme sur le continent ; que ni dans un cas, ni dans l'autre, il ne peut exister de juge entr'elles, et que la guerre est le seul remède contre les injustices. Analysons ces vérités, et appliquons-les à la navigation des neutres.

§ III.

Un bâtiment neutre en pleine mer est hors de toute juridiction étrangère ; et la plus légère atteinte à son immunité est une offense. Tel est le principe général, positif, incontestable du droit des gens en temps de paix (1).

____

(1) On sait combien la violation de ce principe par les gardes-côtes espagnols en Amérique, ont causé

Mais, comme je l'ai exposé ailleurs, il éprouve en temps de guerre des modifications à l'égard des gouvernemens qui veulent se maintenir dans l'état de paix. Il en est une d'où dérivent toutes les autres : elle a pour objet les choses qui, par leur usage, sont considérées comme dangereuses pour l'une des parties belligérantes. Il est convenu que les états neutres ne sauraient les fournir (1) sans violer la neutralité : elles doivent donc s'en abstenir, et de là résulte une modification de l'absolue indépendance des navires neutres. Les objets dont il s'agit sont les armes de toute espèce et les munitions de guerre.

---

de discussions entre les cours de Madrid et de Londres.

(1) Fournir veut dire les transporter, livrer. Cette explication est nécessaire, afin qu'on ne confonde pas la vente que le neutre fait chez lui avec le transport par mer et la livraison. La vente en pays neutre est également libre pour les deux états en guerre ; mais le transport et la livraison de la part du neutre sont interdits. Cette question est très-bien éclaircie dans l'ouvrage de M. *Lamprédi. Du Commerce des neutres en temps de guerre*, 1re partie, § V, p. 49.

§ IV.

Sans doute, si tous les souverains étaient d'accord sur les principes relatifs à la navigation et au commerce en temps de guerre, et si la bonne foi était l'unique guide des négocians neutres et des croiseurs, il s'élèverait peu de contestations. Mais, d'un côté, chaque puissance a sa jurisprudence particulière sur cette matière ; chacune l'arrange selon son intérêt et sa position ; les principes du droit des gens ne sont pris en considération qu'autant qu'ils viennent à l'appui de leur systême ; ou bien on fait de grands efforts de logique, on leur donne la torture pour les y adapter. Aussi existe-t-il à cet égard une diversité vraiment remarquable. Les gouvernemens même, liés par des traités, ne les respectent souvent que selon la convenance du moment ; de là résultent deux inconvéniens graves : d'une part, l'armateur d'un navire marchand, mettant sa confiance dans le systême et la protection de son gouvernement, fait des expéditions en conséquence, et l'avidité le porte souvent à en faire d'équivoques et même de frauduleuses. D'autre part, le bâtiment de guerre, chargé de la surveillance, n'a d'autre désir que de faire des prises ; les corsaires particulièrement n'arment que dans cette unique vue ; le plus léger prétexte leur suffit pour arrêter, visiter, molester le navire marchand ; ils suivent plus que rigoureusement leurs instructions ; ces instructions sont inconnues, et la plupart du temps contradictoires avec les principes des états neutres. Ainsi le navire marchand, sur la plus légère apparence de fraude, ou même d'une simple irrégularité, est détourné de sa route ; il doit subir la longueur et les frais d'une procédure et d'un jugement quelconque, soit pour être relâché, soit pour être condamné.

§ V.

Il est certain que c'est exercer une voie de fait que d'arrêter un bâtiment neutre en pleine mer, et de le forcer d'entrer dans un port autre que celui de sa destination ; que c'est une violation manifeste de l'immunité de son pavillon. Toutefois, dès que le droit de visite est reconnu par des traités dans certains cas, et qu'il peut exister une fraude, il doit aussi

exister un moyen de la réprimer ; car l'indépendance et l'immunité qui en résultent ne
sauraient servir d'égide à l'impunité. D'un
autre côté, il n'arrive que trop souvent que
le capteur est coupable d'un acte de violence,
d'une infraction aux traités, ou au moins
d'une arrestation illégale ; et, dans l'un et
l'autre cas, il doit être puni.

§ VI.

Entre nations, il n'y a que deux moyens
répressifs de la fraude ou de la violence ; c'est
la guerre ou la conciliation. Personne ne soutiendra que le premier doive être préféré ;
car, dans ce cas, la moindre querelle serait
le signal de la guerre. On a suppléé à ce remède extrême par un mode plus doux : c'est,
d'un côté, la confiscation de la propriété du
neutre coupable ; de l'autre, le châtiment du
capteur qui a excédé sa commission.

§ VII.

Mais pour appliquer cette double peine,
il faut nécessairement que quelqu'un la prononce ; que par conséquent le délit soit

constaté. Sera-ce le gouvernement du maître du bâtiment marchand , ou bien celui du capteur qui doit être chargé de cette double fonction ?

Toute cette besogne sort de la règle ordinaire , et présente des inconvéniens ; car, en général, les gouvernemens sont plus protecteurs que juges impartiaux : les uns encouragent la course , les autres la navigation et le commerce. Les premiers veulent restreindre la liberté des mers , tandis que les derniers voudraient la maintenir dans toute son intégrité. Quoi qu'il en soit, on ne sait que trop que tout est irrégulier dans l'état de guerre, qu'elle est le bouleversement des principes sociaux. Cet ordre de choses , ou plutôt ce désordre , s'étend plus ou moins jusqu'aux neutres, particulièrement sur cet élément où amis et ennemis se rencontrent, où l'on se voit sans témoins , et où la cupidité trouve ses plus précieuses ressources. Ce n'est donc point dans les principes rigoureux du droit des gens qu'il faut chercher la solution du problème proposé : on ne peut la trouver que par analogie , ou, pour mieux dire, dans une combinaison quelconque de ces mêmes principes, avec la nécessité d'arrêter, autant qu'il est possible, d'un côté les abus de la force, de l'autre les fraudes, sans recourir au remède violent des armes.

§ VIII.

Pour pouvoir prononcer, il faut partir d'un fait ; c'est que le fraudeur doit être puni, parce qu'il est coupable d'un acte hostile, et qu'il s'est sciemment mis à la discrétion de l'état qu'il a offensé : or, la rigueur des lois de la guerre a été remplacée par la saisie et la confiscation. D'un autre côté, le capteur peut être coupable d'une voie de fait, d'un acte injuste, vexatoire ; et alors il mérite punition. Il s'agit donc de statuer et sur la validité de la prise, et sur le procédé du capteur. Tels sont les deux objets à discuter. Or, on demande où est le juge compétent pour prononcer sur l'un et l'autre ? Il faut puiser la réponse dans la nature même des faits.

La saisie a lieu en pleine mer, ou dans les eaux du souverain du bâtiment en croisière, ou enfin dans des parages dépendans d'un état neutre. Dans le premier cas, elle a lieu hors de toute juridiction humaine, et (abstraction faite des traités) elle est en elle-même un acte vexatoire. Dans le second cas, la juridiction du souverain du capteur est incontestable, parce que la mer est censée faire partie de son domaine, par conséquent de sa juridiction. Dans le troisième cas, la juridiction appartient à l'état dont le territoire a été violé. Il ne peut donc être ici question que de la première hypothèse.

Selon la pratique et les traités, un vaisseau armé ayant commission *ad hoc*, est autorisé à visiter en pleine mer un bâtiment justement soupçonné, et à le saisir s'il est réellement en fraude. Le croiseur, conformément à ses instructions, doit chercher à mettre sa prise en sûreté, en la conduisant dans un port de son propre pays, ou, en cas de nécessité, dans un port neutre. Mais la saisie ne suffit point pour le rendre maître de sa capture, parce qu'elle peut être injuste, illégale, vexatoire : elle doit donc être jugée. Il ne faut point perdre de vue que le croiseur est seul acteur, ou, si l'on aime mieux, agresseur au moment de la capture ; que c'est lui-même qui exerce un fait, une action ; qu'il en est responsable envers son gouvernement comme envers le patron marchand ; que celui-ci ne joue qu'un rôle passif ; qu'il est sur la défen-

sive. Or, qui peut prononcer sur la responsabilité du premier? c'est sans contredit son
propre gouvernement; car c'est lui qui la lui
a imposée en lui traçant la règle de sa conduite. C'est donc lui seul qui est compétent
pour juger des transgressions, et pour les punir. Il faut aussi observer que, dans la poursuite du jugement de la prise, c'est le propriétaire du navire saisi qui est demandeur
en restitution, et que le capteur est défendeur, comme dans le cas précédent. Ainsi,
le premier se trouve dans le cas de l'axiome
de droit puisé dans la raison naturelle, *actor
foram rei sequitur.* Ce serait donc intervertir
l'ordre naturel des choses, que de proposer
au capteur d'aller dans un pays étranger pour
être jugé, dans un pays dont il n'est point
justiciable, pour un fait qui ne s'est pas passé
dans ses limites. Et remarquons bien que le
capteur peut être coupable non seulement
d'une saisie illégitime, mais aussi de voies de
fait dignes d'un châtiment particulier; qu'il
peut avoir arrêté le bâtiment marchand par
pur caprice, l'avoir maltraité, pillé, lui avoir
causé des pertes considérables. Qui pourra
prononcer sur ces faits? sera-ce un gouvernement étranger au capteur inculpé? Il ne

peut point le punir, parce qu'il n'en a point
le droit ; et s'il l'avait, où seraient ses moyens
coërcitifs pour s'assurer de sa personne ? Et
s'il prononce des restitutions et des dommages-
intérêts, où, comment, par qui fera-t-il exé-
cuter son jugement ? Les corsaires sont obligés
de fournir une caution ; mais cette caution
est dans leur propre pays, et aucun jugement
étranger ne peut y être mis à exécution. Dira-
t-on que le bâtiment saisi doit être ramené
dans son propre pays ? Mais où est le droit ?
où sont les moyens d'y contraindre le capteur ? à quel titre peut-on exiger de lui qu'il
se dessaisisse de sa prise, qui fait sa garantie,
et qu'il présuppose être sa propriété ; qu'il
quitte son juge naturel pour aller se défendre
devant un tribunal étranger ? Mettons pour
hypothèse qu'un vaisseau français, espagnol
ou anglais saisisse dans la Méditerranée un
bâtiment neutre, par exemple, un hambour-
geois, un danois, un russe : exigera-t-on
qu'au lieu de le mettre en sûreté à Toulon,
à Cadix, à Gibraltar, il le reconduise dans
la mer du Nord ; qu'il coure de nouveau
toutes les chances de la mer et de la guerre,
pour aller se soumettre, comme défendeur,
à un tribunal étranger ? Cette exigence serait

contraire à la nature même des choses; d'ailleurs elle serait illusoire, parce que le souverain du capteur ne lui enjoindra jamais une
pareille obéissance; et il n'en aurait pas plus
le droit que la volonté. En tout cas, le capteur répondrait : je tiens ma prise; j'ai été
autorisé à la saisir; je la soutiens légale, et
je ne veux point m'en dessaisir d'après une
autorité qui n'a aucun empire sur moi.

On peut sans doute objecter que le gouvernement du capteur, en prononçant, est
en même temps juge et partie, et que sa partialité dictera le jugement. Il est certain qu'en
matière de prises, le gouvernement seul est
juge, et que les commissions ou conseils qu'il
établit pour le remplacer ne sont que ses
agens, ses organes; qu'ils n'ont aucuns des
caractères qui constituent un juge ordinaire,
parce qu'ils n'existent point en vertu de la
loi, mais en vertu d'un simple mandat, ré-
vocable à volonté; qu'ils ne prononcent point
d'après une loi, mais seulement d'après des
réglemens, des ordonnances, des déclarations, des traités; en un mot, qu'ils ne jugent
qu'en administration. Mais, enfin, le caractère qu'a la forme des procédures devant le
gouvernement du capteur, serait le même

s'il s'agissait de plaider devant le gouvernement du neutre arrêté ; ainsi l'objection faite
sur ce point ne mérite aucune considération.
Quant à la partialité, si elle existe d'un côté,
elle peut exister de l'autre ; mais il faut regarder comme une inculpation aussi gratuite
que grave le soupçon de corruption et de
prévarication. Quant à la prévention, elle est
malheureusement inhérente aux affections humaines ; et l'on conçoit facilement qu'un gouvernement cherche à favoriser des hommes
qu'il excite à exposer leur fortune et leur vie
pour l'appât de quelque bénéfice, comme
celui de l'armateur neutre cherche à protéger
celui-ci, parce qu'il fait prospérer son commerce.

Mais enfin, dans une matière aussi sérieuse,
et où tout est hors de l'ordre ordinaire des
choses, où il faut en quelque sorte débrouiller
un chaos, on doit s'attacher à ce point essen-
tiel : c'est qu'il ne suffit point que les délits
soient constatés, il faut aussi un moyen certain pour les punir ; or, le seul gouvernement
du capteur le peut : donc lui seul peut être
établi juge.

Au surplus, on ne saurait trop le répéter,
c'est en grande partie la faute des puissances

neutres, s'il existe un si grand nombre de prises et de procès. Elles réclament, comme de raison, la liberté de leur navigation et de leur commerce, et les états en guerre entendent la restreindre. Dans ce conflit, les abus, les voies de fait, les dommages, les injustices, les plaintes sont inévitables : le seul moyen de prévenir, ou au moins de diminuer tous ces désagrémens, serait de se concerter, et d'adopter des principes uniformes qui servissent de règle commune, et surtout des moyens de les rendre efficaces ; ou si l'on ne peut y parvenir, il faut bien que le faible cède et se soumette au plus fort. Mais, dans ce dernier cas, il importe que celui qui plie sous l'impérieuse loi de la nécessité donne du moins des ordres en conséquence à ses négocians, afin qu'ils ne s'exposent point à des pertes ruineuses, certaines et irréparables.

Qu'on me permette de faire remarquer ici l'insouciance habituelle de la plupart des gouvernemens sur la matière que je traite. Durant la paix, ils oublient les embarras et les tracasseries que leur navigation et leur commerce ont éprouvés en temps de guerre, et ils ne cherchent pas à les écarter pour l'avenir, comme s'il devait désormais régner une paix éternelle ; et lorsque la guerre survient, les neutres se hâtent d'en profiter en usant de la liberté des mers, tandis que les puissances belligérantes s'efforcent de la restreindre ou de la favoriser, selon leurs intérêts : et, quand même on le voudrait, comment négocier, comment s'entendre au milieu de ce tumulte ? On demeure donc dans l'incertitude ; tout est précaire, ou, pour mieux dire, arbitraire ; et de là des plaintes, des contestations, des procès, dont l'issue est naturellement aussi incertaine que le sont les règles d'après lesquelles ils doivent être jugés. Sans doute les principes du droit des gens ne sont pas équivoques ; mais qu'est-ce que des principes quand ils contrarient les intérêts ou les vues des gouvernemens ? La politique les a toujours façonnés et les façonnera éternellement à sa manière : la raison est un fil d'archal qui se laisse plier en tout sens. D'ailleurs, en temps de guerre, les gouvernemens agissent plus qu'ils ne raisonnent ; les négociations se brusquent comme les opérations militaires : la puissance ou le danger ne calculent que l'intérêt du moment, et souvent le neutre cède aux dépens de sa dignité et de ses droits.

Ici se présente la question de savoir qui est le juge compétent d'une prise conduite dans un port neutre. Est-ce le souverain du port, ou bien le juge naturel du capteur?

Il me semble que cette question doit être décidée d'après le principe : qu'en matière personnelle, la compétence appartient au juge dans le ressort duquel s'est passé le fait. Si donc la prise a eu lieu dans les eaux d'un état neutre dans le port duquel elle a été conduite, c'est à lui seul qu'appartient le droit de la juger ; et il doit en prononcer l'illégitimité. Ce principe est d'autant plus constant, que ce même état serait en droit de demander satisfaction pour la violation de son territoire. D'un autre côté, dans le cas même où le capteur aurait conduit la prise dans un port de son propre pays, le souverain neutre dans les eaux duquel la prise aurait été faite serait non seulement en droit, mais aussi dans l'obligation d'en réclamer la restitution ; sinon il demeurerait responsable envers l'état auquel appartiendrait la prise.

Mais si la saisie a été exercée en pleine mer, elle ne peut être jugée, comme il a été observé plus haut, que par le souverain du preneur ; et celui du port de retraite n'a aucune qualité pour intervenir. La raison en est que le fait s'est passé hors de sa juridiction, et que l'asile qu'il accorde ne saurait le dénaturer.

Je termine par quelques observations sur l'effet que doit avoir le jugement rendu concernant la légalité ou l'illégalité d'une prise.

Il est certain que, dès que le juge qui a prononcé a été reconnu comme compétent, son jugement doit avoir son effet, qu'il devient la loi des parties, et qu'il n'existe aucun moyen de l'éluder. Cette règle est infaillible à l'égard de la justice ordinaire ; mais l'est-elle également lorsqu'elle concerne un étranger dans une matière aussi compliquée, où les principes sont aussi contradictoires, et sur laquelle la politique influe plus que les règles communes de la justice ? Le souverain dont le sujet a éprouvé une injustice manifeste a-t-il le droit de réclamer ? et si, faute d'avoir été écouté, il a les moyens de réparer par lui-même l'injustice, est-il autorisé à les employer ?

Cette question est extrêmement délicate. Elle doit être envisagée sous deux points de vue différens, celui du droit et celui de la politique. A ce dernier égard, les rapports qui existent entre deux états déterminent quelquefois leurs procédés , et il n'est pas sans exemple que lorsqu'un jugement est reconnu pour évidemment injuste , le gouvernement , au lieu de faire un acte arbitraire en l'infirmant de sa propre autorité au préjudice d'un tiers, ou lorsque les formes ne le permettent point , accorde lui-même une indemnité à la partie lésée. Mais s'il ne prend pas cette mesure , à quoi est autorisé le souverain de l'armateur marchand injustement dépouillé ?

On peut dire que, dès que la compétence a été reconnue (et elle l'est dès qu'on plaide), on se soumet nécessairement au jugement ; et dès-lors il n'existe plus de remède , après que tous les degrés de juridiction ont été épuisés. Le souverain du condamné a lui-même indirectement reconnu la compétence, en permettant à son sujet de comparaître et de poursuivre jugement. Comment , après cela , pourrait-il réclamer contre ce jugement et le rendre illusoire? Cette marche paraît évidemment contradictoire , et une querelle particulière il la transformerait en une querelle d'état, dont les conséquences pourraient conduire à la guerre.

Mais enfin, rien n'est plus insupportable qu'une injustice, et l'impuissance seule commande la résignation. Cette vérité est d'une grande importance pour les conducteurs des nations ; elle doit leur démontrer plus que toute autre considération combien ils doivent être justes envers les autres nations. La loi civile impose silence aux citoyens lésés, parce qu'ainsi l'exige le maintien de l'ordre et de la tranquillité publique. Mais, entre nations, il est un tribunal suprême qu'on nomme l'*ultima ratio regum*. C'est ce tribunal terrible qu'il faut incessamment avoir sous les yeux.

Ainsi, lorsqu'un gouvernement est injuste envers les sujets d'un autre, il doit prévoir des réclamations et même des procédés propres à les rendre efficaces ; et ces procédés, il est impossible de les condamner : car un gouvernement est le protecteur de droit des citoyens, et il doit employer les moyens qui sont en sa main pour leur procurer la justice qu'on leur a refusée ; il devient le tribunal suprême d'appel d'un jugement inique. Son consentement exprès ou tacite à l'introduction du procès ne saurait lui être opposé ; car il était fondé, ce consentement, sur la confiance en l'équité des juges : elle a été trahie.

Il est des publicistes qui pensent que les intérêts des particuliers n'ont rien de commun avec les intérêts politiques de leur gouvernement; que, par conséquent, ils ne doivent point entrer dans les discussions d'état à état. Mais il est évident que cette opinion est erronée, qu'elle est contraire aux principes fondamentaux de l'ordre social. En effet, pourquoi les hommes se sont-ils associés ? pourquoi se sont-ils soumis à un gouvernement? N'ont-ils pas déposé entre ses mains leurs droits individuels, afin qu'il les exerçât en leur nom? n'ont ils pas réuni leurs forces pour rendre ses démarches plus efficaces? Les gouvernemens représentent toute la société, considérée en masse, comme chaque individu qui la compose : tout cela est identique, indivisible. Et la conséquence qui résulte de là, est que le souverain est dans l'obligation de protéger non seulement ce qu'on appelle l'intérêt de l'état, mais aussi celui de chaque membre en particulier. Si donc on offense en pays étranger un individu, si on lui fait éprouver une injustice, son souverain est dans l'obligation la plus rigoureuse de prendre fait et cause pour lui ; si cela n'était pas, que serait-ce que la protection que le souverain doit à ses sujets ?

Ces vérités sont faciles à appliquer à la mer. Un négociant ne peut expédier un navire sans un congé de son souverain, et sans arborer son pavillon : par-là , il est sous sa sauve-garde et sous sa garantie ; en sorte que si le navire éprouve de la violence, on ne manque pas seulement aux lois de la propriété ; on ne viole pas seulement la liberté de la mer ; mais on commet aussi une offense envers le souverain lui-même , parce qu'on méprise son congé et son pavillon, que par conséquent on porte atteinte à ses droits et à sa dignité.

Dans cet état des choses, dira t-on que ce même souverain n'a point le droit, qu'il n'a point l'obligation d'intervenir pour que justice soit faite ? Cette intervention ne le rend point, comme on le prétend , partie dans la cause que son sujet poursuit ; il ne remplit que les fonctions de protecteur suprême, et surveille l'observation de la loi des nations ou des traités. *Hubner* (1) a confondu ces

____

(1) De la saisie des bâtimens neutres , t. 1 , part 2 , ch. 1ᵉʳ, § IV—VI.

deux caractères lorsqu'il demande à quel titre un gouvernement s'arroge le droit d'exercer une sorte de juridiction sur des souverains neutres (1).

---

(1) *Lamprédi*, (*du commerce des neutres*, p. 173 et suiv.), réfute l'opinion de *Hubner*; mais voulant éluder le mot *juridiction*, il donne à l'action du capteur un caractère qui entraîne après soi bien des inconvéniens. Il dit : *qu'un armateur qui arrête et visite un bâtiment neutre, n'exerce aucun acte de juridiction, mais son droit reconnu pour légitime par les nations neutres elles-mêmes;* et il ajoute que si, après la visite, jugeant le navire de bonne prise, et le conduisant dans un port, il s'est trompé, il en est quitte en payant le dommage, et qu'en cela sa conduite n'a rien d'*évidemment injuste.* Il sera facile au lecteur de voir que, d'après cette décision entortillée, tout devient arbitraire : en effet, elle autorise l'armateur à arrêter, à visiter, à saisir, à conduire dans un port, à courir la seule chance d'un dédommagement ; et dans tous ses procédés il n'y a aucun acte de juridiction, et même rien d'évidemment injuste. Voilà qui est à merveille pour le croiseur : il peut se tromper ; il peut détourner arbitrairement un navigateur neutre de sa route, lui faire manquer, peut-être à dessein, la spéculation du propriétaire qui expédie, et celle du négociant étranger qui attend : en payant tout, le mal est réparé. Mais dans toute cette jurisprudence que devient la sûreté du neutre ?

Que devient la liberté de la mer ? Que devient l'indépendance des nations ? L'armateur, dit encore *Lamprédi*, exerce un droit avoué par les neutres eux-mêmes. Mais cette assertion générale est inexacte ; car le consentement des neutres est conditionnel ; il est restraint ou par le texte des traités, ou par la coutume, ou par la raison naturelle. Les traités exigent ou des preuves positives, ou au moins des soupçons violens. Les preuves positives ne présentent aucune difficulté : elles jugent le procès au moment même de la capture ; mais il en est tout autrement lorsqu'il ne s'agit que de soupçons. Si on les admet, il faut qu'ils soient tels qu'ils puissent fournir au moins une semi-preuve ; il faut qu'ils soient fondés avant la visite et non sur son résultat ; il faut, en un mot, qu'ils justifient au moins la bonne foi du capteur aux yeux de juges impartiaux : sinon, il s'est conduit en forban ; il a commis une voie de fait arbitraire et évidemment injuste. Voilà, à ce qui semble, ce qu'auroit dû observer *Lamprédi*, et ce qu'il n'a pas fait. Il a aussi oublié que le capteur agit en vertu d'une commission, et non *jure proprio*. La coutume, qui supplée aux traités, est d'accord avec ce qui vient d'être dit. Quant à la raison naturelle, elle décide que si je vous permets de passer sur mon fonds, cela ne vous autorise point à dévaster ma récolte et mes fruits.

Quant à ce que dit *Lamprédi* de la juridiction, ce n'est qu'une dispute de mots qui ne fait rien au fond de la question. Le croiseur, quoiqu'agissant pour son profit personnel, n'agit point en son propre nom,

mais en celui de son souverain. Si celui-ci ne l'autorise pas à exercer un acte de juridiction dans la signification rigoureuse de ce terme, il l'autorise à exercer
une voie de fait, et le jugement de cette voie de fait
est déféré à un tribunal établi par ce même souverain.
Ce tribunal (ou cette commission administrative)
exerce sans contredit un acte de juridiction. Or cet
acte est conséquent à la capture, laquelle est le principe, le motif, l'objet de l'action ; donc elle en fait
partie, et cela d'autant plus, qu'elle est l'effet d'une
commission spéciale *ad hoc*. Certainement, toute voie
de fait de cette nature, est un acte de juridiction,
légitime ou non. Les neutres ont accordé cette juridiction aux belligérans sur les navires pris en fraude,
puisqu'ils leur ont accordé le droit de les faire arrêter,
de les saisir, de les juger. Qu'on emploie les termes
juridiction ou *autorité*, cela est parfaitement indifférent ; mais il faut l'un ou l'autre.

CHAPITRE XXI.

De la Réciprocité et des Représailles.

§ Ier.

Voici, selon moi, en quoi consiste la réciprocité ; elle veut que le neutre obtienne d'un des ennemis une liberté égale à celle que lui accorde l'autre. S'il ne l'obtient pas, le premier n'est tenu à rien, il est autorisé à adopter le système de son ennemi. En ne le faisant pas, il se fait tort à l'avantage de ce dernier.

§ II.

On objectera peut-être, que cette réciprocité ne peut point avoir lieu quand il existe un traité entre un état belligérant et un état neutre, parce que ce traité détermine les obligations des deux contractans, et qu'il ne leur est point permis de s'en écarter. Cette question mérite d'être approfondie.

Dans la plupart des traités de commerce, on prévoit le cas éventuel où l'un des contractans se trouve en guerre; et c'est l'effet des stipulations relatives à cette hypothèse qu'il s'agit de déterminer.

On demande si un état belligérant lié avec un état neutre par un traité, peut en restreindre les stipulations, dans le cas où ce dernier ne les obtiendrait pas également de l'autre puissance en guerre. Pour éclaircir la question, posons l'hypothèse suivante.

La France a avec une puissance du nord un traité de commerce, où il est stipulé qu'en temps de guerre, le pavillon de cette puissance couvrira la marchandise ennemie non prohibée. La France est en guerre avec la Grande-Bretagne, et l'on suppose que cette dernière puissance confisque les effets appartenans à des Français, quoique chargés sur un bâtiment de la puissance neutre, avec laquelle elle n'a pas de traité. Le gouvernement français peut-il dans ce cas, changer la stipulation de son traité, et suivre la jurisprudence anglaise à titre de réciprocité?

On peut dire, d'un côté, que le cas dont il s'agit est présumé avoir été prévu lorsqu'on

a stipulé la liberté des marchandises ennemies, et que la stipulation a été absolue et
indéfinie et non conditionnelle : or, il n'est
point permis de supposer *ex post facto*, une
condition non exprimée, et qui n'est pas inhérente à la nature même des choses : donc
l'engagement contracté doit être exécuté dans
tous les cas. Il peut sans doute résulter de
là du préjudice pour la puissance belligérante; mais c'est une chance qu'elle a dû prévoir, et qui ne provient point du fait du
neutre. Par conséquent, ce n'est point une
raison suffisante pour anéantir une obligation
formelle; sinon l'exécution des traités serait
soumise à la volonté arbitraire des contractans, et le moindre prétexte pourrait suffire
pour les annuler.

Mais d'un autre côté se présentent les considérations suivantes. En chargeant, vous
neutre, les marchandises de mon ennemi,
et en ne chargeant ou ne protégeant pas les
miennes, vous cessez d'être impartial, parce
que vous favorisez mon ennemi à mon préjudice. Vous êtes dans le même cas, si, sans
charger des effets ennemis, vous refusez ou
abandonnez les miens, parce que vous en
agissez ainsi, c'est-à-dire que vous me nui-

sez pour complaire à mon ennemi. Or, l'impartialité est le premier des devoirs des neutres, et rien ne peut les en dispenser. Je ne puis point avoir pris avec vous des engagemens tacites qui vous autorisent à me faire du mal ; et vous êtes censé, vous, avoir pris l'engagement contraire. Obtenez donc l'égalité de la part de mon ennemi, ou souffrez que je l'établisse en adoptant sa jurisprudence ; ou bien, si vous exigez que je remplisse mon engagement, j'exige de mon côté que vous remplissiez le vôtre, c'est-à-dire, que vous protégiez mes effets placés sous votre pavillon. Si vous ne le pouvez ou ne le voulez, la confiance que j'avais en traitant avec vous, est déçue ; j'ai fait avec vous une société léonine, et je suis en droit de m'en dégager. Pour réduire le différend à peu de mots, je dis qu'il est impossible que je sois convenu avec vous que vous auriez le droit de me nuire et de favoriser mon ennemi : je devois supposer au contraire, que vous obtiendriez de lui la même reconnaissance de vos droits que celle que j'ai faite, ou que vous les soutiendriez contre lui. Cette dernière observation est fondée sur les principes suivans. La liberté du pavillon neutre est puisée dans les premiers élémens du droit des gens ; et cette liberté assure celle des marchandises ennemies qu'il couvre (1). La stipulation où cette liberté est énoncée, n'est donc point une concession, une faveur ; elle n'est qu'un hommage explicite rendu aux principes, je veux dire au droit incontestable des neutres. Ainsi, en dernier résultat, la question se réduit à ceci : le neutre peut-il renoncer à l'exercice d'un droit certain en faveur d'une des parties belligérantes, et l'exercer au préjudice de l'autre ? La réponse est bien simple : le procédé du neutre est un acte de partialité, par conséquent un acte hostile. Je crois donc pouvoir conclure, que dans l'hypothèse dont il s'agit, le neutre doit protéger les effets de son co-contractant, ou renoncer à la liberté que ce dernier a reconnue par son traité.

§ III.

Les représailles précèdent les hostilités, et appartiennent à la politique. Elles consistent à saisir la propriété d'un membre quelconque

____

(1) *Voyez* ch. IX.

16.

d'une nation dont le gouvernement a fait éprouver une injustice à un étranger, ou qui a refusé satisfaction pour une voie de fait exercée par un de ses sujets. Ainsi c'est l'innocent qui est exposé à payer pour le coupable. Ce procédé a pour base la solidarité censée exister entre tous membres de la même société politique, et il est avoué par le droit des gens. Si donc un souverain est dans la nécessité de se plaindre d'une injustice, il est, en cas de refus d'une satisfaction convenable, autorisé à exercer le droit de représailles, et à procurer par ce moyen une juste indemnité à son sujet lésé ; mais on conçoit que pour en user ainsi, il faut que le grief soit bien manifeste, que tous les moyens de conciliation aient été infructueusement épuisés ; car enfin, les représailles sont une espèce d'acte hostile, lors même qu'on le déguise sous le titre spécieux de compensation (1), et il conduit facilement à une rupture ouverte. Ainsi, les moyens qui justifient la guerre, doivent également justifier les représailles ; d'où l'on doit con-

____

(1) Comme l'a soutenu, en 1753, la cour de Berlin dans sa discussion avec celle de Londres. *Voyez* la note au § V. Ch. XV, p. 151.

çlure que le cas doit être bien grave, que les motifs doivent être bien urgens, bien démontrés avant de recourir à ce dernier moyen. Mais enfin, les États belligérans doivent incessamment l'avoir sous les yeux, lorsqu'ils prononcent sur les intérêts des neutres, et calculer en conséquence les effets possibles d'une injustice.

Pour rendre, dans une question aussi importante et aussi embarrassée, ma pensée avec toute la précision dont je suis capable, j'établis l'hypothèse suivante. Un État est en guerre, et met en mer ses propres vaisseaux et des corsaires pour surveiller la navigation des neutres. Il a ou n'a pas notifié à ces derniers, la jurisprudence qu'il a adoptée à leur égard. Dans le premier cas, ceux-ci doivent la suivre s'ils n'ont pas réclamé; dans le second cas, ils sont autorisés à suivre les maximes générales du droit des gens, soit primitif, soit coutumier. Si ces maximes sont contraires à celles de la puissance belligérante, et si cette dernière viole en conséquence l'immunité du pavillon neutre, le gouvernement à qui il appartient, doit réclamer à temps, décliner la juridiction étrangère, exposer les principes sur lesquels il se fonde, protester d'avance contre toute mise en jugement, ou au moins déclarer qu'il n'admettra point un jugement contraire à ces mêmes principes. De cette manière, on ne pourra point lui opposer la fin de non-recevoir résultante ou d'un acquiescement formel, ou du simple silence. Si au contraire, instruit de la prise et de la poursuite, il autorise l'armateur son sujet à plaider, s'il le laisse condamner, et si le jugement est exécuté sans aucune réclamation, il est présumé y avoir donné son acquiescement ; et dans ce cas, comment pourrait-il justifier des mesures tardives pour indemniser son sujet ? Il paraît clair qu'il ne lui serait plus permis de recourir à la voie des représailles, et qu'en le faisant, il s'exposerait à provoquer une guerre injuste. Mais enfin, si les principes du gouvernement en guerre étant avoués, ou du moins authentiquement connus, le jugement rendu leur est contraire ; alors la réclamation est juste, nonobstant l'adhésion à la procédure, parce que la confiance dans l'équité du juge a été trahie ; et si le tort n'est pas réparé, les moyens d'y suppléer, et par conséquent les représailles, sont légitimes. Ce sera à la politique à juger si elles sont prudentes ou téméraires.

§ IV.

Je crois devoir terminer cet article par une observation qui a de l'analogie avec la compétence.

Les prises doivent être considérées sous deux points de vue différens. Les unes sont faites parce que l'armateur neutre est contrevenu, soit aux traités, soit aux règles généralement adoptées; les autres ont lieu lorsque le croiseur s'est conformé à la jurisprudence de son pays et à ses instructions, tandis que le gouvernement du capteur suit une jurisprudence opposée. Dans la première hypothèse, la marche du gouvernement du capteur est toute tracée ; sa décision doit être conforme aux traités, ou aux réglemens généralement adoptés, ou à leur défaut aux principes du droit des gens primitif. S'il s'écarte de cette ligne, il s'expose à la révision du gouvernement de l'armateur saisi; car il doit protection à celui-ci, et il a le droit indubitable de réclamer contre la violation, soit des traités, soit des usages, soit enfin du droit des nations.

Il n'en est pas de même lorsque les deux

gouvernemens sont en opposition de principes; car dans ce cas, celui du capteur n'a aucune règle commune pour diriger sa décision : il ne peut point suivre sa propre jurisprudence, parce qu'il a à prononcer sur le sort d'une propriété étrangère ; il ne peut point non plus adopter celle de l'autre gouvernement, parce qu'il n'a point le droit de l'appliquer au capteur son sujet, qui a suivi ses instructions.

Je vais hasarder mon opinion sur ce conflit de principes, de juridiction et d'intérêts. Il ne s'agit point de trancher la difficulté, mais de la résoudre d'après les règles de la justice, et des égards mutuels que se doivent les nations, et qui seules peuvent maintenir l'harmonie entr'elles.

Les saisies sont faites en pleine mer, ou sur les côtes de l'état en guerre auquel appartient le capteur, ou sur les côtes ennemies , ou enfin sur des côtes neutres. Expliquons ces trois hypothèses :

1° J'ai déjà observé, et je crois avoir prouvé qu'en pleine mer la visite des bâtimens neutres ne peut point avoir lieu selon les traités et l'usage, sinon dans le cas d'un soupçon bien fondé que le navire est chargé de contrebande.

Hors ce cas, les visites sont irrégulières , vexatoires, des actes de violence. Si le soup‑ çon est fondé, l'arrestation et la saisie le sont également, et doivent être jugées d'après les preuves qui établissent la fraude.

§ V.

Mais pour que les choses puissent suivre cette marche, il faut qu'il y ait entre les deux gouvernemens accord sur le droit de re‑ cherche, et sur ce qu'on appelle contrebande et fraude. Les traités de commerce ou les déclarations réciproques , ou enfin l'usage général lèvent la difficulté. Mais si ces docu‑ mens manquent, et si les gouvernemens ont des principes opposés , quel parti doivent‑ils prendre ? Il est évident que celui du capteur ne peut, sans violer les premières règles de la justice, prononcer d'après ses propres lois, parce qu'elles ne peuvent point être appliquées à un étranger, ni à un fait arrivé sur un élé‑ ment qui est hors de sa juridiction. Dans cet état des choses, la prudence comme la justice ne doivent‑elles pas conseiller au gou‑ vernement du capteur de s'abstenir de tout jugement, et de chercher à concilier le dif‑

férend par la voie amiable de la négociation ? Car enfin, il ne s'agit plus d'une querelle de particuliers, mais d'une contestation d'état à état : elle appartient au droit des gens, par conséquent à la politique, et nullement à l'autorité administrative. Cette marche me semble d'autant mieux adaptée à la circonstance, que le gouvernement du neutre a le droit incontestable d'intervenir et de réclamer, non comme simple protecteur de son sujet, mais comme ayant un intérêt direct à soutenir sa propre jurisprudence, sa dignité et les droits attachés à son indépendance ; et si les choses ne peuvent point se concilier, si le gouvernement du capteur persiste dans ses principes, le droit d'user, non seulement de rétorsion, mais aussi de représailles, est incontestable.

2° Lorsque le navire neutre se trouve sur les côtes d'un des états belligérans, par conséquent dans ses eaux, il est dans sa juridiction ; ainsi, il est obligé de respecter ses réglemens relatifs à la navigation et au commerce : de là le droit de le visiter pour s'assurer, non seulement de la propriété neutre, mais aussi de la nature du changement, parce qu'il peut avoir l'intention de faire des versemens frauduleux ; et il est, même en temps de paix, dans le cas d'être jugé pour ce fait. Mais la question est de savoir, s'il peut l'être par rapport aux marchandises douteuses que le gouvernement en guerre prétend comprendre parmi les marchandises prohibées. Je pense que non, si les deux gouvernemens ne sont pas d'accord sur ce point, parce que dans ce cas, la querelle comme dans le cas précédent, appartient à la politique et non aux tribunaux. Mais la pratique des états prépondérans est de trancher cette difficulté.

3° Si un bâtiment neutre est arrêté sur la côte d'un état en guerre, il est sans contredit dans le cas d'être visité. Mais comme cette question rentre dans celle des siéges et des blocus, je crois devoir renvoyer le lecteur à ce que je dis plus haut sur les deux objets. (Ch. XIX.)

CHAPITRE XXII.

Examen de la Doctrine de M. JENKINSON (Comte de Liverpool) (1).

§ Ier.

Après avoir exposé les droits que la loi des nations accorde sur l'Océan aux puissances belligérantes comme aux états neutres, de même que les obligations qu'elle impose aux uns et aux autres, je pense que pour mettre cette importante matière dans un plus grand jour, il est utile de faire connaître le point de vue sous lequel l'envisagent les puissances dont la politique est de mettre des restrictions extraordinaires à la liberté des neutres. Parmi ces puissances, il faut placer en première ligne la Grande-Bretagne, parce que de tous les États Européens, c'est celui qui de tous les temps a été le plus attaché au système

----

(1) On trouvera *in extenso* le discours de M. J. au supplément.

restrictif : c'est donc principalement sa doctrine et sa jurisprudence qui méritent de fixer
l'attention. Ce ne sont ni ses réglemens, ni
ses déclarations que je rapporterai, parce qu'ils
n'offrent que des résultats : je crois devoir puiser la base et le développement de sa doctrine
dans ses écrivains. Il en est un qui mérite une
attention particulière, tant par son caractère
personnel que par la réputation dont il jouit depuis long-tems, et par les rapports intimes qu'il
avoit avec l'administration anglaise au moment
où il a écrit : c'est M. Jenkinson comte de
Liverpool. Il rédigea en 1757 (1), époque
où la France ouvrit ses colonies aux neutres,
un mémoire sous le titre de *Discours sur la
conduite du Gouvernement Britannique à
l'égard des nations neutres* (2). On conçoit
qu'un tel écrit doit offrir tout le développement que l'auteur a jugé nécessaire pour justifier, non le droit conventionnel, mais les
maximes de son gouvernement; et en effet,

---

(1) Il était alors secrétaire d'état de la guerre.

(2) On trouve cet écrit à la tête d'une collection
de traités conclus par la Grande-Bretagne et d'autres
puissances, depuis 1748 jusqu'à la paix de Paris,
signée en 1783.

il a employé toute sa sagacité, toutes ses lu-
mières, toute son érudition pour les exposer
dans le jour le plus favorable; et je ne puis
me dissimuler que son opinion est d'un grand
poids. Mais enfin, il faut moins mettre dans
la balance de la justice et de la raison, le nom
d'un écrivain ou de tout autre personnage
grave, quelque célèbre qu'il soit, que la doctrine même qu'il professe. D'ailleurs, il n'arrive
que trop souvent, qu'un auteur est prédominé
par des préjugés nationaux, ou par d'autres considérations. Le lecteur jugera si M. *Jenkinson*
a cédé au torrent, ou s'il a mis dans son écrit
l'impartialité que l'importance de la matière
exigeait, s'il a écrit pour toutes les nations
ou seulement pour la sienne. Je vais donner
la traduction du passage qui renferme à peu
près toute la substance de son système.

« Le droit de protection, dit-il, doit avoir
» son fondement dans quelque loi, et en le
» considérant relativement à quelque cas par-
» ticulier, il doit être fondé sur la loi par
» laquelle les intérêts des deux parties qu'il
» concerne sont généralement déterminés,
» et qui est applicable au cas où il s'agit du
» droit de protection. Ainsi, dans le cas
» présent, si les puissances neutres ont

» quelque droit de protéger les propriétés
» de l'ennemi, il doit avoir sa source dans
» les lois qui sont la règle établie pour
» la conduite des nations entr'elles, particu-
» lièrement sur l'élément où l'on prétend
» exercer ce droit. Ni les institutions civiles,
» ni les municipales, et encore moins les pri-
» viléges en résultant ne sauraient ici avoir
» lieu. Leur empire n'existe que sous la
» domination de ceux qui les ont concédés.
» Ainsi la question est : *Jusqu'où, selon le
» droit des gens, s'étend ce droit de protec-
» tion?*

» Pour répondre clairement, nous devons
» observer que les gouvernemens n'ont suc-
» cédé à d'autres droits qu'à ceux dont leurs
» membres respectifs jouissaient dans un état
» d'individualité, et qu'aujourd'hui une na-
» tion est à l'égard d'une autre comme si elle
» était dans l'état de nature, c'est-à-dire,
» dans la même condition dans laquelle était
» l'homme avant qu'il entrât en société. Ainsi,
» le droit de protection dont auraient joui
» les individus dans une situation pareille,
» est le même que celui que les gouverne-
» mens peuvent réclamer aujourd'hui. Par
» conséquent, un individu dans l'état de na-

» ture aurait eu un droit incontestable de
» protéger sa propre personne et sa pro-
» priété contre toute attaque.

» Mais, si je suis engagé dans une que-
» relle avec un autre, aurait-il eu alors le
» droit de le protéger contre moi ? Très-
» certainement non , parce qu'il m'aurait
» privé par-là du droit que la loi de nature
» m'aurait donné dans ce cas pour ma propre
» sûreté, de saisir la propriété de mon ennemi
» et de détruire sa personne. S'il regarde
» ma conduite comme manifestement inju-
» rieuse au point de provoquer le ressenti-
» ment général, il devient par-là lui-même
» mon ennemi ; mais en même temps qu'il se
» dit neutre, agir de cette manière contre
» moi, serait aussi absurde qu'injuste. Ainsi,
» tel est, et rien de plus, le droit de pro-
» tection dont jouissent aujourd'hui les gou-
» vernemens dans les lieux où leurs do-
» maines ne s'étendent pas ; ils n'ont succédé
» qu'aux droits de leurs membres respec-
» tifs ; ainsi ils ne peuvent protéger que
» ceux-ci.

» Mais, demande-t-on , d'où viennent les
» droits dont les gouvernemens jouissent
» toujours de protéger la propriété de l'en-

» nemi en dedans des limites de leur propre
» pays? C'est une conséquence du droit de
» domaine; ainsi, à moins que leur domaine
» ne s'étende jusques sur l'océan, le droit
» de protection ne saurait y avoir lieu : le
» domaine (c'est-à-dire la souveraineté)
» donne le droit de faire des lois, ou d'éta-
» blir de nouvelles juridictions et d'y sou-
» mettre (soit que cela concerne les propres
« sujets ou ceux d'autres pays) tous ceux
» qui entrent dans les limites de son pouvoir.
» Ainsi ici (sur l'océan) la juridiction que
» donne la loi des nations est suspendue, et
» tout acte fait en conséquence serait in-
» juste : car aussitôt qu'il est hors de la ligne
» de cette juridiction particulière, ses lois,
» ainsi que les privilèges qui en dérivent,
» cessent en même temps, et les lois géné-
» rales des nations reprennent leur force ;
» ici la propriété même de l'allié n'a d'autre
» protection que celle que ces mêmes lois
» lui accordent. Ainsi, étant jointe à la pro-
» priété de l'ennemi, il ne saurait commu-
» niquer sa protection à celle-ci, puisque la
» loi qui donne sûreté à la première, vous
» permet de saisir et de détruire la dernière.
» Ces raisonnemens ont pour exemple un

» fait commun. En dedans des limites d'un
» gouvernement, on n'a point la liberté de
» rechercher les vaisseaux d'aucun pays ;
» mais cette liberté n'est-elle pas pratiquée
» universellement de temps immémorial en
» pleine mer? Et pourquoi cette recherche
» est-elle faite, sinon parce que, selon le
» droit des gens, tous sont responsables de
» tout ce qu'ils conduisent ».

Pour analyser ce long passage, dont la doctrine est remarquable, et pour pouvoir y répondre avec précision, nous croyons devoir le diviser et le réduire en propositions simples : elles seront mieux saisies, et l'on pourra mieux juger de leur justesse et de leur application.

Première Proposition.

« Le droit de protection doit avoir son
» fondement dans quelque loi relative au cas
» particulier qui intéresse les parties ».

Observation.

Rien n'est plus positif que cette maxime ; mais il importe de ne la point dénaturer

dans son application. Il s'agit ici, non d'individus vivant sous la loi civile de leur pays,
mais de nations qui ne connaissent d'autres
lois que celles que leur impose la raison
naturelle, lois dont le premier objet est le
maintien de l'indépendance respective et le
droit de propre conservation. C'est de cette
loi, commune à toutes les nations, que résulte ce que M. *Jenkinson* appelle droit de
protection. On trouvera plus bas le développement et l'application de ce principe.

IIe PROPOSITION.

« Si les neutres ont le droit de protéger
« les propriétés de l'ennemi, il doit avoir sa
» source dans les lois qui servent de règle
» aux nations entr'elles, particulièrement sur
» l'élément où ils prétendent l'exercer. »

OBSERVATION.

Le mot *protéger* est un terme générique :
nous supposons que l'auteur n'entend par-là
autre chose sinon prendre les propriétés ennemies à bord d'un bâtiment neutre, et les
mettre sous la sauve-garde de son pavillon.

C'est sous ce point de vue que nous allons en faire l'examen.

Dès que les propriétés ennemies sont sur un navire neutre, elles sont censées être au milieu des domaines de l'état auquel il appartient. Cette vérité est une conséquence de l'indépendance du pavillon, et des principes relatifs à la liberté absolue des mers. Or, M. *Jenkinson* convient lui-même qu'on ne peut point rechercher la propriété ennemie dans les domaines d'un état neutre, parce qu'elle est en dedans de sa juridiction, que personne n'ose enfreindre. Le navire neutre, quoiqu'en pleine mer, est sous cette juridiction, et il n'en reconnaît aucune autre. Si vous me contestez, à moi neutre, ce principe, je dis que mon vaisseau est ma propriété, et que vous n'avez aucun droit d'y toucher, parce que vous n'avez, en pleine mer, aucune juridiction ni sur moi, ni sur ce qui m'appartient : c'est moi qui l'exerce sur mon équipage, parce qu'elle m'est déléguée par mon souverain.

Pour rendre cette réponse plus précise, je répète ce que j'ai dit plus haut, savoir, que la loi qui régit les nations entr'elles, est ce qu'on nomme droit des gens ; que ce droit a pour base l'indépendance des nations les unes à l'égard des autres ; que c'est de là que résultent leurs droits comme leurs obligations. Ces principes fondamentaux ont été appliqués à la mer : elle est reconnue libre ; elle est commune à tous, et n'appartient à personne. Les nations qui la fréquentent y conservent leur indépendance ; cette indépendance elles la communiquent à leur pavillon, afin d'assurer celle du navire qui le porte. Telle est la loi qui régit les nations relativement à la mer : c'est en vertu de cette loi que vous ne souffrez point que je pénètre dans votre vaisseau malgré vous, que je le visite, que je le fouille ; vous réclamez contre moi votre indépendance, l'immunité de votre pavillon, votre droit de propriété. Si vous êtes autorisé à vous conduire ainsi à mon égard, je suis fondé de mon côté à imiter votre exemple : je suis donc aussi en droit de vous repousser, si vous vous présentez pour monter sur mon vaisseau, pour en rechercher et vérifier le chargement. Ce raisonnement paraît sans réplique, et il renferme la solution que nous avons à donner à la question de M. *Jenkinson.*

IIIe Proposition.

« Jusqu'où les lois des nations étendent-
» elles le droit de protection? Les gouver-
» nemens ont remplacé les individus : ils
» n'ont donc point plus de droit que n'en
» avaient ceux-ci dans l'état de nature. Le
» droit de protection ne s'étend point au-
» jourd'hui au - delà de celui de l'individu
» dans l'état de nature. Celui-ci pouvait pro-
» téger sa personne et sa propriété ; mais
» il n'avait point le droit de protéger contre
» moi celui avec qui j'aurais eu une querelle.
» J'ai le droit de me saisir de la propriété
» de celui-ci, et de détruire sa personne :
» celui qui le protège cesse d'être neutre.
» Tel est aujourd'hui le droit de protection
» dans les lieux où la domination des na-
» tions ne s'étend pas : les gouvernemens ne
» peuvent protéger que leurs sujets. »

OBSERVATION.

Le droit de protection suit partout l'indépendance ; or, l'indépendance existe sur mer
comme en dedans des limites continentales ,
par conséquent le droit de protection s'étend

également sur cet élément. En effet, comme je l'ai observé plus haut, la place où se trouve un vaisseau, et aussi long-temps qu'il l'occupe, est censée être le territoire, le domaine de sa nation. En tout cas ce principe est au moins applicable au corps même du vaisseau ; et tout ce qui s'y trouve est sous sa protection, comme participant à son indépendance. Un bâtiment de guerre étend son domaine, par conséquent sa protection, sa juridiction, aussi loin que porte son canon ; et on est, comme on dit, dans ses eaux, lorsqu'on se trouve dans la circonférence de cette ligne. Le bâtiment marchand a une ligne de démarcation plus circonscrite ; mais elle est aussi assurée, aussi indépendante que l'est celle du vaisseau de guerre : ce dernier n'a de plus que lui que le privilége de la force, c'est-à-dire son canon, pour le défendre. Ces maximes ne sont pas contestées en temps de paix : elles doivent donc être également vraies en temps de guerre ; sinon il faut contester l'indépendance des nations et la liberté des mers ; et, dans ce cas, il faut assigner à qui appartient le domaine suprême sur cet élément : sans doute au plus fort, mais on n'ose l'avouer.

Pour appuyer son systême, M. *Jenkinson* dit que les gouvernemens sont à la place des individus dans l'état de nature ; que par conséquent les gouvernemens sont dans le même état entr'eux ; et de là il tire la conclusion suivante : l'individu , dans l'état de pure nature , pouvait protéger sa personne et sa propriété ; mais il n'avait point le droit de protéger contre moi celui avec qui j'avais une querelle. Cela s'appelle prendre les choses de bien haut ; c'est commencer , pour ainsi dire , avec la création du monde ; c'est prendre l'homme avant tout état de civilisation , avant l'existence même de la propriété ; c'est , en un mot , chercher des règles de conduite dans une époque où la loi du plus fort faisait tout le code de l'espèce humaine ; ou , pour mieux dire , à une époque qui probablement n'a jamais existé que dans les idées abstraites de la métaphysique. Mais enfin examinons tous les droits présumés d'un individu dans l'état de pure nature à l'égard d'un autre individu dans le même état avec qui il a une querelle. Ces droits sont simples et non contestés : l'individu poursuit la propriété et la personne de son ennemi ; sa propriété ne peut être composée que de ses chétifs meubles et du produit de son travail. Si un tiers, étranger à la querelle, y prend part en protégeant l'un des deux contendans, il devient sans contredit, par son propre fait, l'ennemi de l'autre. Si au contraire il demeure spectateur passif, il continue naturellement ses rapports avec tous les deux, parce que leur inimitié lui est indifférente : il peut recevoir l'un et l'autre dans sa cabane, et ils y sont en sûreté. Supposons (pour me rapprocher davantage de l'hypothèse de M. *Jenkinson*), supposons que le tiers neutre ait recueilli chez lui des fruits, du gibier, des meubles appartenans à l'un des deux ennemis, l'autre a-t-il le droit de venir les enlever et de se les approprier ? Non assurément ; car il est évident qu'en le faisant il commettrait un acte de violence ; qu'il s'arrogerait une autorité sur l'individu neutre ; qu'il détruirait sa liberté en pénétrant dans son asile. Supposons de plus qu'un des contendans, ayant du superflu en fruits ou en gibier, prie le neutre de le porter à un parent, à un ami ; que celui-ci s'en charge, mais que, chemin faisant, l'autre l'arrête, veut le dépouiller, et emploie la force pour y réussir ; quelle sera naturellement la conduite du porteur, s'il veut user de son droit ? Il résistera, il traitera l'assaillant de voleur , il observera que les choses dont il est porteur n'ont rien de commun ni avec lui, ni avec sa querelle, et qu'il entend les défendre au péril même de sa vie. L'assaillant peut-il avoir une autre réplique que celle que lui fournit sa force ? Dira-t-il que les choses qu'il veut enlever lui appartiennent, parce qu'elles sont à son ennemi ? Certes , ce raisonnement serait un mauvais moyen pour vider la contestation ; l'assaillant serait regardé comme un perturbateur du repos de la peuplade, comme un brigand : au lieu d'un ennemi il en aurait cent. C'est ainsi que se passeraient les choses entre individus, dans l'état de nature, c'est-à-dire selon les lois de la justice naturelle dégagée de codes , de déclarations, de réglemens , en un mot, de tout l'attirail du droit public moderne. Elles doivent, d'après M. *Jenkinson* lui-même, se passer ainsi de nations à nations, qui , selon sa propre hypothèse, sont également dans l'état de nature entr'elles. Le neutre a le droit de défendre, comme sienne, la chose qui lui a été confiée ;

la violence seule peut l'en déposséder : mais la violence ne saurait ni légitimer un fait, ni établir un droit.

Sans doute, comme le remarque M. *Jenkinson*, un ennemi peut se saisir de la propriété de son ennemi, et, en cas de nécessité, comme il dit, détruire sa personne ; mais il ne peut se permettre l'un et l'autre que hors la juridiction d'autrui, sans faire violence à un tiers. Ainsi (pour ne point m'écarter de l'homme de la nature), l'ennemi n'a point le droit de pénétrer chez moi, qui ne suis pour rien dans sa querelle, d'entrer dans ma retraite pour enlever soit son ennemi, soit sa propriété ; et, si je l'en empêche, très-certainement je ne fais qu'user de mon droit ; je ne commets donc ni acte hostile, ni acte de partialité : cependant j'exerce un acte de protection bien positif. Le bâtiment neutre, dès qu'il est assuré par son pavillon, est aussi sacré que la cabane de l'homme de la nature : toutefois, ce principe est modifié par les nations modernes. J'en ai indiqué les causes et le mode plus haut ; mais je ne les ai pas puisées dans la même source où M. *Jenkinson* a puisé son système. Je ne dis point comme lui qu'une nation en guerre peut exercer en mer une juridiction sur les neutres, tandis qu'il refuse la même faculté à ces derniers ; loin de là, je soutiens que la mer, libre à toutes les nations, n'est et ne peut être assujettie à la juridiction d'aucune, et que tout acte contraire à cette vérité fondamentale l'est aussi à la nature même des choses négativement communes, et qu'il doit être considéré comme une violation manifeste du droit des gens. Mais j'ajoute que l'impartialité forme le caractère de la neutralité ; que c'est l'enfreindre que de fournir des choses dangereuses à un des ennemis ; que c'est sur ce fondement que les neutres doivent s'en abstenir ; qu'en manquant à ce devoir ils abusent de la liberté au préjudice d'un tiers ; qu'ils commettent un acte hostile contre lui ; qu'il est donc autorisé à le réprimer, conformément aux lois de la guerre, je veux dire par la force. La confiscation est le mode le plus doux ; à son défaut, l'état en guerre pourrait recourir à la garantie et à la responsabilité du souverain du neutre délinquant.

IVe Proposition.

« Si les gouvernemens jouissent du droit

» de protéger la propriété de l'ennemi, en
» dedans de leurs limites, c'est en consé-
» quence du droit de domaine et de la juri-
» diction qui en émane. Or, le domaine ne
» s'étend point sur la mer ; ici, la juridiction
» que donne le droit des gens est suspen-
» due, et tout acte fait en conséquence est
» injuste : les lois générales des nations re-
» prennent leur force, par conséquent tout
» droit de protection cesse. »

OBSERVATION.

Rien n'est plus vrai que la maxime qu'é-
tablit ici M. *Jenkinson;* mais il est fâcheux
qu'il en tire des conséquences fausses : avec
une logique plus exacte nous serions facilement tombés d'accord.

On croit rendre très-légitime la doctrine
que je combats, en disant que le souverain
du capteur doit payer le fret au neutre, et
lui accorder un dédommagement pour les
retards qu'il aura éprouvés : mais modifier
le mal n'est point en détruire le principe.
D'ailleurs, si le transport est défendu, il doit
être puni, parce qu'il est un délit ; et ce
n'est point punir le maître du navire en le

dédommageant. Si le transport n'est pas défendu, aucun dédommagement ne peut légitimer la saisie. Rien n'est plus dangereux
que de soumettre les principes à des pallia-
tifs, à des modifications arbitraires. Les auteurs qui ont la prétention d'être impartiaux,
doivent abandonner cette ressource à la politique ; c'est à elle seule qu'appartient l'art
de façonner les principes selon ses vues, son
intérêt et ses moyens : la justice, les droits
d'autrui deviennent ce qu'ils peuvent.

Je crois devoir aussi faire mention d'une
explication à l'aide de laquelle on prétend
justifier la confiscation des effets ennemis.
On dit que les belligérans, après avoir saisi
ces effets, n'empêchent pas les neutres de
faire leur commerce avec l'ennemi, ni de lui
louer leurs vaisseaux (1).

J'avoue que je ne comprends pas cette
manière de transiger sur les droits et sur les
intérêts des nations ; je ne comprends même
pas comment un neutre peut louer ses vaisseaux à l'ennemi, n'ayant aucun moyen de
les garantir. Quoi qu'il en soit, je dis que

______

(1) *Lamprédi*, § X, p. 137.

le commerce libre suppose des échanges libres, et que la navigation libre suppose le droit de voiturer toutes choses quelconques, sauf celles désignées sous le nom de contrebande ; tout ce qui outrepasse cette ligne, porte atteinte à la liberté qu'on veut bien allouer aux neutres. Il est un abus manifeste du principe de propre conservation, qui est l'unique source d'où découlent les droits accordés aux belligérans à l'égard des neutres. Si les écrivains, que je me permets de contredire, eussent bien défini le mot de *propre conservation*, je pense qu'ils auraient donné moins de latitude aux droits qu'ils attribuent aux états belligérans.

Je l'ai déjà observé, mon domaine sur mer est censé exister là où est mon pavillon ; là je suis aussi indépendant qu'au centre de mes états ; j'y exerce la juridiction exclusive sur le navire et sur l'équipage ; personne au monde n'a le droit ni de le déplacer, ni de le commander, ni d'y pénétrer ; les principes le protègent contre la force, ou, si on l'emploie, on renverse les principes et on offense toutes les nations. Et vous-même, ne prétendez-vous pas exercer une véritable juridiction, en déniant la mienne, pour vous mettre à ma place ? Et quel est votre titre de supériorité pour me la contester et vous l'arroger ? Souffrez-vous qu'un vaisseau étranger moleste les vôtres ? N'emploieriez-vous pas la force pour le repousser ? et, en le faisant, ne direz-vous pas que vous avez usé d'un droit légitime ? Certes, ce n'est point votre canon qui constitue votre droit, il ne sert et il ne peut servir qu'à l'assurer. Le bâtiment marchand neutre n'a pas de canon ; il navigue sans défiance sous l'égide de la foi publique : vous la violez , vous vous établissez le maître, le tyran des mers.

Mais enfin, allons plus loin. Un bâtiment, quoiqu'en pleine mer, appartient à quelqu'un ; sinon il serait légitimement la proie du premier occupant, comme *res nullius.* Ce serait là effectivement son sort, selon la doctrine de M. *Jenkinson ;* et à quel tribunal irait-il plaider en cas de violence ? Le fait est que le navire est monté par des hommes qui font partie d'une nation ; que ces hommes obéissent à un chef, et que ce chef les commande d'après des lois qui lui sont prescrites par son souverain : celui-ci exerce donc une juridiction positive, déléguée en pleine mer, comme il l'exerce au milieu de ses états. Or, cette juridiction est essentiellement exclusive tant sur le bâtiment même que sur l'espace qu'il occupe : ainsi aucune autre nation ne peut l'exercer. Et le croiseur qui guette un navire neutre, en vertu de quelle autorité l'arrête-t-il ? n'est-ce point pour obéir aux ordres de son souverain ? Celui-ci exerce donc de son côté un véritable acte de juridiction en pleine mer. Ces réflexions, bien simples, renversent tout l'échafaudage du système de M. *Jenkinson*, et de la jurisprudence maritime de la Grande-Bretagne. En dernier résultat, le souverain du bâtiment neutre peut tenir le langage suivant : Si la juridiction sur le navire portant mon pavillon est paralysée en pleine mer, celle que vous prétendez vous arroger l'est également ; ainsi, vos prétendus droits résultant de l'état de guerre sont nuls : nous sommes l'un à l'égard de l'autre comme transplantés dans un autre monde, et vivant dans l'état de pure nature.

Ve Proposition.

« En dedans des limites du domaine d'un
» gouvernement, on n'a pas la liberté de

» *rechercher* les vaisseaux d'aucun pays ;
» mais cette liberté a été exercée de temps
» immémorial et universellement en pleine
» mer, parce que , selon le droit des gens,
» tous sont responsables de tout ce qu'ils
» conduisent ».

OBSERVATION.

C'est évidemment mettre en principe ce qui est en question. Il est généralement reconnu par toutes les puissances maritimes, que le pavillon indique la propriété et l'indépendance du navire, et que l'espace qu'il occupe est censé faire passagèrement partie du domaine de son souverain. Ainsi venir ici *rechercher* les marchandises ennemies, c'est violer le territoire du neutre ; c'est empiéter sur sa juridiction, par conséquent sur son indépendance , comme si l'on entrait dans ses domaines (1). Il résulte de là, qu'un bâtiment neutre ne doit aucun compte de son charge-

______

(1) Cette doctrine est regardée comme absurde par quelques écrivains ; mais je laisse leur opinion pour ce qu'elle vaut. Le lecteur non préoccupé n'aura pas de peine à l'apprécier.

ment, et qu'il n'en est responsable envers personne. J'ai déjà indiqué les seules exceptions faites à cette règle générale, ainsi que les motifs particuliers sur lesquels elles sont fondées. L'application de ces exceptions n'a d'étendue que celle que lui a donnée la pratique du consentement des nations maritimes ; et ce ne serait également qu'à l'aide d'un pareil consentement que la doctrine de M. Jenkinson pourrait être introduite. Mais il s'en faut bien qu'il existe ; car il n'est aucune puissance du nord qui ne réclame contre, et qui ne fît des efforts pour la renverser, si ses moyens répondaient à son droit comme à ses intérêts.

Je ne parle ni de la France, ni de l'Espagne, ni de la ci-devant république Batave, parce que leur jurisprudence sur cette matière a toujours été et sera toujours variable ; mais cette variation même prouve que les principes les plus clairs du code des nations sont presque toujours subordonnés à ceux que crée la politique ; et M. Jenkinson aurait mieux fait de convenir de cette vérité, que de faire de pénibles et vains efforts pour mettre sous l'égide du droit des gens et même de la pure nature, un système qui n'a d'autre base et d'autre objet que l'intérêt bien prononcé de son gouvernement ; mais il aurait été forcé en même temps d'établir que cet intérêt doit prédominer sur tous les autres intérêts ; qu'il doit servir de loi à toutes les nations qui font le commerce maritime ; il aurait été forcé , en un mot, de soutenir que la mer appartient à quiconque est assez puissant pour en expulser tous les autres.

Opposons à M. Jenkinson le sentiment d'un de ses compatriotes. La conduite imputée aux gardes-côtes espagnols établis dans le golfe du Mexique pour empêcher le commerce interlope des Anglais, donna lieu en 1738 , à de vives discussions entre les cours de Madrid et de Londres , et occasionna même la guerre. On trouve dans les débats du parlement, entr'autres discours, celui de milord Delawarre , concernant les visites, lesquelles formaient le principal grief du cabinet britannique. En s'appuyant sur un traité de 1687 , M^d Delawarre fit les observations suivantes : « Supposez, dit-il, qu'un bâtiment » anglais ait des effets défendus, le maître » du garde-côte espagnol n'a aucun droit de » bouleverser et de visiter toute la charge » du bâtiment ; car le fait d'avoir ou de n'a- » voir pas des marchandises de contrebande ,

» doit être constaté par l'inspection des passe-
» ports ou lettres de mer du navire anglais.
» L'autorité de ces passe-ports doit dépendre
» de la simple parole et de la créance due au
» maître du navire ; et après que ces lettres
» ou passe-ports ont été produits, et que
» l'authenticité en a été prouvée par le maître
» du navire, celui-ci doit poursuivre sa route
» sans être molesté ; car, comme on le voit
» par le passage de l'article allégué, on doit
» entièrement ajouter foi et créance à ces
» passe-ports et lettres de mer, lorsqu'on les
» a produits. Mais quand même il paraîtrait
» par ces mêmes documens, qu'il y a des
» marchandises de contrebande à bord du
» navire anglais, et aussi qu'il est destiné
» pour un port d'un état en guerre avec
» l'Espagne, ces mêmes circonstances ne
» peuvent jamais justifier la confiscation du
» navire et de toute la cargaison ».

Ce passage n'exige point de commentaire ;
car le lecteur remarquera facilement la différence entre la doctrine de M' Delaware et
celle de M. Jenkinson. La seule observation
que nous croyons devoir faire est, que le premier a soutenu en 1738 l'intérêt commercial
de son pays, et que le second a soutenu la

doctrine contraire, parce qu'il importait alors au gouvernement britannique, maître de la mer, de détruire le commerce des neutres avec la France, non seulement dans les mers d'Europe, mais aussi dans les Indes occidentales, où la France admettait les bâtimens neutres. C'est ainsi que la jurisprudence maritime sera versatile et arbitraire, aussi long-temps que les puissances n'adopteront pas d'un commun accord les principes fondamentaux de la liberté de la mer, et de l'immunité des pavillons combinés avec les véritables intérêts des états belligérans. Revenons à M. Jenkinson.

A l'appui de ses propres raisonnemens, il invoque l'autorité des publicistes, il cite entr'autres, *Albericus Gentilis*, le *Consolato del mare*, *Grotius*, *Bynkershoek*, *Barbeyrac*, *Vattel*, etc. Le témoignage d'autorités aussi graves et aussi accréditées a de quoi en imposer, et elles m'auraient fait reculer, si j'avais trouvé leurs sentimens puisés dans la véritable source, je veux dire dans le droit des gens originel, ou dans le consentement unanime des parties intéressées. Mais je me suis rassuré en voyant que ces écrivains n'ont fait autre chose que de se suivre les uns les autres, et qu'ils se sont bornés à affirmer ou à nier, au lieu d'examiner, de discuter, d'analyser, au lieu de comparer la pratique avec les principes, et de la juger, non d'après les traités, mais d'après la règle universelle, infaillible de la raison naturelle.

Pour ne point égarer le lecteur dans un dédale de citations et d'érudition, je me bornerai à l'auteur pour lequel M. *Jenkinson* montre une prédilection particulière : c'est *Bynkershoek*. Voici les termes dans lesquels s'exprime cet écrivain : « Consultant, dit-il,
» la raison, je ne vois pas pourquoi il ne serait
» pas permis de saisir les choses apparte-
» nantes à l'ennemi, quoique trouvées sur
» un navire ami ; car je prends ce qui est à
» l'ennemi, et ce qui appartient au vainqueur
» par le droit de la guerre (1) ».

Pour justifier son opinion, voici comment notre auteur raisonne : « C'est chose légale
» d'arrêter sur l'océan un navire quoique

____

(1) *Ratione consultâ, non sum qui videam cur non liceret capere res hostiles, quamvis in nave amica repertas; id enim capio quod hostium est, quodque jure belli victori cedit.* Quæst. juris publ.; lib. 1, de rebus bellicis, c. XIV.

» portant les couleurs de sa nation , de juger
» par ses papiers à qui il appartient réelle-
» ment; et dans le cas où il est prouvé qu'il
» est propriété ennemie, de le saisir comme
» prise légale ». L'auteur ne voit aucune
raison pourquoi cette règle ne s'étendrait
pas aux effets qu'un bâtiment neutre peut
avoir à bord; et si l'on y trouve des marchandises appartenantes à l'ennemi, pourquoi elles
ne seraient pas prises et condamnées par le
droit de la guerre. Il déclare même que selon
son opinion , le propriétaire d'un navire
neutre doit en pareil cas perdre jusqu'au prix
du fret.

Malgré mon respect pour *Bynkershoek* ,
j'avoue que je ne puis adhérer à sa logique ;
que je ne trouve ni parité , ni analogie entre
les deux hypothèses qu'il regarde comme
identiques. En temps de guerre on s'assure de
la réalité du pavillon , parce que souvent des
propriétaires de navires ennemis cherchent à
se déguiser en arborant un pavillon neutre.
D'un autre côté , il est nécessaire de s'assurer
que le bâtiment, indépendamment de la cou-
leur qu'il a arborée, est en règle conformément
aux lois de la mer, ou s'il est un forban.

Mais du droit de s'assurer de la réalité du pavillon, ne résulte pas celui de visiter le bâtiment, et encore moins celui de se saisir de la marchandise qu'il porte quoiqu'ennemie : au contraire, la pavillon reconnu constate l'indépendance du bâtiment, et cette indépendance lui est garant de tous les droits qui lui sont inhérens ; par conséquent elle assure l'immunité de la cargaison. La seule exception non contestée et énoncée dans tous les traités, porte sur les marchandises considérées comme prohibées. Mais on ne saurait trop le répéter, la saisie de ces marchandises est une exception convenue ; elle ne saurait donc être étendue au-delà de son objet.

Au surplus, la raison sur laquelle l'auteur hollandais fonde son opinion, est vraiment remarquable : « Le droit de la guerre, dit-il, » m'autorise à m'emparer de ce qui est à mon » ennemi ; par conséquent je puis saisir des » choses ennemies, même sur un navire » ami ».

L'auteur n'a pas fait attention que dans le second cas, pour atteindre la chose ennemie qui est sous la sauve-garde d'un pavillon ami, il faut violer l'immunité de ce pavillon, et par conséquent la propriété et l'indépendance du bâtiment; il n'a pas fait attention que, pour exercer le droit qu'il attribue si généreusement aux lois de la guerre, il faut commettre une injure envers une nation amie. Or, je demande avec confiance si cette marche est régulière, si elle est tolérable, si elle n'est pas une infraction coupable de la neutralité, et des premiers élémens du code des nations ?

C'est vraiment une chose singulière que le zèle avec lequel des auteurs aussi graves que ceux que j'ai cités, s'attachent à plaider contre la liberté des mers en faveur des puissances en guerre. Eh! le funeste droit des armes n'a-t-il pas déjà trop de priviléges ? n'est-il pas lui-même un mal assez grand pour qu'on cherche à l'étendre aux dépens de l'humanité ? Quoi! parce que deux souverains s'obstinent à se faire la guerre, faut-il que l'ordre social soit troublé dans les quatre parties du monde ? que tous les rapports soient interrompus ? que le cultivateur, l'artisan, le navigateur des contrées paisibles en portent la peine ? que ces contrées renoncent à toutes leurs jouissances ?.... Non, les prérogatives de la guerre ne doivent pas plus être étendues que la flamme qui menace de dévorer une cité. Il importe d'autant plus de les restreindre , que c'est restreindre en même temps la durée de la guerre elle - même. Ainsi s'élever contre l'extension arbitraire de ces droits , c'est plaider la cause de l'humanité. Je reviens à M. *Jenkinson.*

CHAPITRE XXIII.

Du mérite des Faits.

§ I.

Pour completter son systême, M. *Jenkinson* cite la pratique de presque tous les gouvernemens européens. Je ne conteste aucun des faits, aucune des ordonnances qu'il rapporte ; mais je dis que les faits, quelque multipliés qu'ils soient, s'ils ne sont pas généralement et surtout librement adoptés pour règle, n'établissent point le droit des gens ; qu'au contraire le droit des gens est la loi d'après laquelle ils doivent être approuvés ou condamnés. Le droit de naufrage était aussi jadis à peu près généralement établi ; soutiendrat-on pour cela qu'il était juste, qu'il était fondé sur la raison naturelle ? L'usage chez les peuples anciens avait consacré l'esclavage des prisonniers de guerre ; et cet usage n'est-il pas généralement réprouvé aujourd'hui ? Préconiset-on l'habitude où sont les sauvages d'Amérique d'enlever le crâne à leurs prisonniers ? Je cite ces exemples pour faire voir que la pratique ne peut consacrer que ce qui est juste, et qu'en l'invoquant sans un examen critique, on court risque de tomber dans de grands écarts. Et si on influe sur les determinations d'un gouvernement, auquel on les présente comme légitimes, on peut l'entraîner dans de fausses démarches aussi préjudiciables à sa réputation, que funestes dans leurs conséquences.

§ II.

Cependant je conviens que les faits peuvent établir un préjugé, et même ce qu'on nomme droit coutumier ; mais pour qu'ils acquièrent ce dernier caractère, ils doivent être avoués de toutes les parties intéressées : hors de-là ils n'imposent que des obligations partielles à l'*instar* des traités, qui ne lient que ceux qui les ont souscrits. Ainsi, les souverains qui ont pour système de gèner le commerce des neutres, ont beau réclamer leur intérêt à cet égard, et citer à l'appui tous les réglemens anciens et modernes, ils ne trouveront de la docilité qu'en raison du plus ou moins de foiblesse des neutres. Mais ni le silence de ceux-

ci , ni leur inaction ne légitiment la prétention. La politique ou l'impuissance du moment
font dissimuler , ou rendent complaisant ;
mais le changement de circonstances en opère
un dans la conduite : dès que la compression
cesse, les droits légitimes reprennent leur
empire.

CHAPITRE XXIV.

Des Réglemens et des Traités.

Mais enfin, adoptons la jurisprudence de M. *Jenkinson*, admettons comme lui les faits et leur importance, et voyons de quel côté ils doivent faire pencher la balance. Cet écrivain invoque les réglemens et les traités.

Les réglemens particuliers ne comptent pour rien dans le droit des gens, parce qu'ils ne peuvent, par leur nature même, avoir d'effet au-delà des limites de la juridiction du souverain qui les a donnés; et s'il arrive qu'on les respecte au dehors, ce n'est nullement par obligation; la nécessité seule ou quelqu'autre cause peuvent produire cet effet passager; en un mot, les nations étrangères les adoptent ou ne les adoptent pas, selon leur position, leur convenance ou leur intérêt. Mais quelle jurisprudence peut-on tirer d'un genre d'actes contradictoires et constamment variables? Les réglemens publiés, par exemple, par la France, sont plus ou moins favorables aux neutres, tandis que ceux du gouvernement anglais ont toujours eu pour objet de restreindre leurs droits. Dans laquelle de ces deux sources puisera-t-on pour établir la coutume fondée sur les faits ?

Les seuls traités peuvent être cités comme des exemples, parce qu'ils sont des actes publics du nombre de ceux qui constituent le droit des gens conventionnel. Or, si nous considérons les traités, en ne remontant pas plus haut que celui des Pyrénées, la plupart stipulent la liberté des munitions navales et des effets ennemis chargés sous pavillon neutre. Une partie de ces traités a été conclue par l'Angleterre elle-même, et tous ceux qui ont été signés depuis une vingtaine d'années (sauf celui conclu en 1796 entre la Grande-Bretagne et les États-Unis de l'Amérique), renferment ces mêmes clauses. Si donc les traités doivent nous servir de règle, s'ils doivent fonder le droit commun, il est à peu près démontré qu'il est, sur les deux points en question, conforme aux principes que j'ai établis. Mais, je ne puis cesser de le répéter les traités, n'importe leur contenu, ne constituent point le droit des gens ; ils sont l'ex-

pression de la volonté particulière des contractans, et le droit des gens est indépendant
de cette volonté ; ils ont la même nature que
les contrats entre particuliers ; mais à défaut
de contrat c'est la loi commune qui décide,
et entre nations la loi commune c'est le droit
des gens.

———

CHAPITRE XXV.

De la Convention conclue en 1780, et connue sous la dénomination de Neutralité Armée.

Parmi les traités modernes, je crois devoir rapporter particulièrement la convention signée en 1780 (1), parce qu'elle fixa dans le temps l'attention générale, et qu'on la regardait comme un premier pas vers un code maritime général.

Cet acte avait été précédé d'un réglement donné par l'impératrice de Russie, Catherine II. Il établit comme base le traité de commerce avec la Grande-Bretagne, conclu en 1766, et les principes *clairs et incontestables du droit naturel et des gens.* La neutralité la plus exacte est recommandée aux sujets russes ; on leur interdit en conséquence le transport des marchandises prohibées consistant en armes et en munitions de guerre.

____

(1) *Voyez* ch. XVIII, note, p. 196.

Toutes les autres marchandises, même celles des ennemis chargées sur des vaisseaux russes, sont déclarées libres ; mais on devra éviter de charger des propriétés sur des vaisseaux appartenans à une des nations en guerre, afin de prévenir par-là toute discussion et désagrément quelconque (1). Tout vaisseau russe doit être muni d'un passe-port de mer et d'un certificat de douane. Il n'est pas question de convois armés.

Ce réglement fut communiqué aux trois puissances alors en guerre, savoir, la France, l'Espagne et la Grande-Bretagne.

La France applaudit au systême de l'impératrice ; selon cette puissance, la liberté des bâtimens neutres est une conséquence directe du droit naturel, la sauve-garde des nations, le soulagement même de celles que le fléau de la guerre afflige.

L'Espagne exprima un sentiment analogue à celui de la France, et elle déclara que c'est la conduite de la marine anglaise, renversant les règles constamment suivies à l'égard des

______

(1) C'était là éluder la grande question concernant le sort des marchandises amies chargées sous pavillon ennemi. *Voyez* ch. X.

puissances neutres, qui met sa majesté catholique dans la nécessité de l'imiter ; elle changera de conduite d'après l'exemple que lui donnera la cour de Londres.

La réponse de cette cour porte en substance qu'elle conformera sa conduite aux principes les plus clairs et les plus généralement reconnus du droit des gens (1), qui est la seule loi entre les nations qui n'ont pas de traités, de même qu'à la teneur de ses différens engagemens, lesquels ont varié cette loi primitive par des stipulations mutuelles.

La conséquence de ces trois déclarations fut que la France maintint son réglement de 1778, qui avait servi de texte à celui de l'impératrice de Russie ; que l'Espagne, tout en avouant les principes, se renferma dans la réciprocité à laquelle l'avait forcée la cour de Londres ; enfin que l'Angleterre s'attacha strictement à ses traités, sans s'expliquer sur le sens et l'étendue qu'elle attachait aux principes du droit des gens. Ainsi tout demeura *in statu quo*.

A la suite de sa déclaration et pour la corroborer, l'impératrice de Russie conclut avec

____

(1) *Voyez* le chap. XXII.

(293)

la cour de Copenhague, la convention indiquée plus haut. Je crois bien faire en en rapportant la substance.

(Art. Ier) Le commerce de contrebande
est interdit. Les objets frappés de cette inter-
diction sont déterminés d'après les traités des
contractans avec les Etats en guerre. Les dispositions de ces traités sont appliquées aux
autres puissances, *comme une conséquence
du droit naturel et des gens.* Ainsi, on posa
les principes généraux suivans :

(Art. III). 1° Tout vaisseau peut naviguer
librement de port en port, et sur les côtes des
nations en guerre.

2° Les effets appartenans aux sujets des
puissances en guerre sont libres sur les vaisseaux neutres, à l'exception des marchandises de contrebande.

3° Pour déterminer ce qui caractérise un
port bloqué, on n'accorde cette dénomination qu'à celui où il y a, par la disposition
de la puissance qui l'attaque avec des vaisseaux
arrêtés et suffisamment proches, un danger
évident d'entrer.

4° Les vaisseaux neutres ne peuvent être
arrêtés que sur de justes causes et faits
évidens.

Par l'article IV, les parties contractantes conviennent d'équiper des escadres pour la protection de la navigation et du commerce de leurs sujets, d'après les principes établis ci-dessus. Mais l'assistance ne sera accordée que dans le cas où les réclamans n'auraient fait aucun commerce illicite, ni contraire aux principes de la neutralité.

Le roi de Suède accéda à cette convention, ainsi que les Etats-Généraux, le roi de Prusse, la cour de Vienne et celle de Lisbonne.

En analysant toutes ces conventions, on trouve qu'elles reposent sur deux bases ; savoir, les traités, et subsidiairement le droit naturel et des gens, et qu'elles placent, sur la même ligne, les conséquences résultantes de ce droit et celles des traités. D'après cette double base, les contractans n'admettent, comme prohibées, que les armes et les munitions de guerre. Les marchandises ennemies, sous pavillon neutre, sont déclarées libres ; mais on a passé sous silence les effets chargés sous pavillon ennemi. Les visites sont maintenues en pleine mer ; mais on a proscrit les soupçons, en exigeant des preuves évidentes. Les convois ou escortes militaires

ne doivent protéger que contre les vexations ;
il n'est point question de la déclaration verbale du commandant de la force armée, ni
de la forme des visites faites en sa présence.

Ainsi, tout bien considéré, la convention
de 1780 (sauf les soupçons qu'elle proscrit)
n'a rien changé à la jurisprudence maritime
à l'égard des puissances liées par des traités,
mais elle a regardé comme une conséquence
du droit naturel les stipulations qui y sont
énoncées, et les a appliquées à toutes les
puissances. C'est là le point le plus important
de la convention de 1780.

CHAPITRE XXVI.

Des Conventions de 1800 et 1801.

J'AI déjà observé, plus haut, que l'empereur de Russie, Paul, s'étant séparé de ses alliés, savoir l'Angleterre et l'Autriche, reprit, en 1800, les erremens de la neutralité de 1780, avec les deux autres cours du Nord, et j'ai indiqué les suites qu'a eues cette nouvelle coalition (1). Elle fut dissipée par le bombardement de Copenhague, et les cours de Saint-Pétersbourg et de Londres signèrent une convention particulière en 1801. On rappela, dans ce nouvel acte, le traité de commerce conclu en 1797. On déclara la navigation et le commerce des sujets respectifs libres, sauf les marchandises de contrebande de guerre et les propriétés ennemies : les munitions navales ne sont pas comprises parmi la contrebande. On convint de plus, que les vaisseaux

____

(1) *Voyez* la note au ch. XVIII.

marchands ne pourront être arrêtés que sur
de justes causes et faits évidens ; que le droit
de les visiter, lorsqu'ils sont sous escorte, ne
pourra être exercé que par le commandant
des vaisseaux de guerre de la partie belligérante, et nullement par les armateurs particuliers ou corsaires. On régla aussi la forme
des visites. Enfin, on stipula que les articles
convenus seront regardés comme permanens,
et serviront de règle constante aux puissances contractantes. Les cours de Stockholm et de Copenhague accédèrent à ce
traité.

Le lecteur remarquera deux choses ; 1º que
la nouvelle convention déroge à celle de
1780, en ce qu'elle interdit le transport des
marchandises ennemies déclaré libre par cette
dernière ; 2º que la présence d'une escorte
armée ne dispense point de la visite.

CHAPITRE XXVII.

Droit de Pré-emption.

§ Ier.

Peu après la convention de 1801, la Suède en signa une particulière, par laquelle elle stipula en faveur de l'Angleterre le droit de pré-emption à l'égard de plusieurs espèces de munitions navales, dont le commerce est déclaré libre par les conventions précédentes, ainsi que par le plus grand nombre des traités de commerce. Il ne nous appartient point de caractériser une pareille disposition, parce que nous n'en connoissons pas les motifs; d'ailleurs, il faut supposer que le gouvernement suédois a eu des raisons impérieuses pour y souscrire. On sait qu'il y a souvent des motifs de circonstances supérieurs à tous les futurs contingens, à tous les principes, à toutes les considérations de dignité et d'amour-propre.

§ II.

Mais mettons à l'écart la politique, et examinons le fond même de la stipulation sous un point de vue général, et abstraction faite des parties contractantes. Qu'est - ce que le droit de pré-emption ? c'est le droit de s'approprier arbitrairement, et de préférence, des marchandises appartenantes à un tiers, et expédiées pour lui. Il est évident que c'est altérer les rapports commerciaux existans entre le gouvernement qui accorde et les autres puissances, parce que ce n'est qu'un détour, qu'un biais pour éluder le mot *prohibition;* et certainement la puissance qui en éprouve du préjudice, peut le considérer comme inofficieux, comme un acte de partialité.

CHAPITRE XXVIII.

Des droits et des obligations des bâtimens armés en course.

§ Ier.

Il ne s'agit ici ni de la moralité, ni de la légitimité, ni des avantages de la course ; la pratique en est établie depuis long temps, et probablement elle durera autant que la guerre maritime. Ainsi mon unique objet est d'indiquer les principales règles d'après lesquelles elle doit être dirigée.

§ II.

Un armateur n'est que l'agent de son gouvernement ; c'est de lui qu'il tient le pouvoir de parcourir les mers, d'intercepter la navigation et le commerce de l'ennemi, et d'empêcher toute fraude de la part des neutres.

§ III.

Ainsi, les droits que l'armateur est autorisé à exercer, comme les obligations qu'il doit remplir, résultent de la commission ou patente, et des instructions dont elle doit être accompagnée. C'est là son code, et il ne lui est point permis de s'en écarter (1).

L'armateur, rencontrant un navire marchand, doit arborer et assurer son pavillon conformément aux usages reçus. Ce dernier doit en user de même; et s'il est ennemi, la saisie est de droit, et n'exige aucune formalité : le pavillon suffit pour le condamner. Mais s'il est neutre, l'armateur doit se tenir à la distance de la portée du canon, envoyer deux ou trois personnes pour faire constater sa qualité, c'est-à dire qu'il n'est ni ennemi, ni forban. Ainsi il a le droit d'exiger l'exhibition du passeport ou lettre de mer. L'usage

____

(1) Pour détruire ce principe, un auteur moderne (*Lamprédi*) dit : « Qu'un navire en pleine mer ou » dans des eaux libres ne peut être regardé comme » faisant partie du territoire du souverain dont il » porte le pavillon ; par conséquent le navire armé » et le neutre marchand n'ont d'autres lois à observer » lorsqu'ils se rencontrent, que celles de la justice » naturelle, modifiées par l'état de guerre dans lequel » ils se trouvent l'un et l'autre ». Nous nous abstenons de faire le commentaire de ce passage.

veut de plus, même en pleine mer, que le neutre justifie sa propriété et la nature de son chargement par des certificats de douane et des connaissemens. Si toutes ces pièces sont en règle, le neutre doit être libre de continuer sa route, et toute visite ou recherche ultérieure est interdite.

§ I V.

Comme néanmoins la fraude est possible, soit par la connivence des douanes, soit malgré leur vigilance, il est un cas où, malgré la régularité des papiers, la pratique a autorisé la recherche. Ce cas existe lorsqu'il y a violent soupçon de fraude. Mais ce soupçon doit être fondé sur des preuves évidentes acquises préalablement, et non par les recherches faites sur le navire (1), et encore moins par des interrogatoires et des voies de fait. Ce point est d'autant plus important, que les corsaires ne mettent en mer que pour s'enrichir à force de faire des prises, n'agissent

---

(1) La convention de 1801 entre la Russie et l'Angleterre est la plus précise à cet égard ; elle dit, art. III, § V, que les bâtimens neutres ne peuvent être arrêtés que *sur de justes causes et faits évidens.*

que trop souvent que d'après la seule impul-
sion de leur avidité, qu'ils supposent la fraude
tandis qu'ils n'en ont pas même le plus léger
indice, et que l'espoir de la faveur de leur
gouvernement les encourage à vexer les neutres, à les détourner de leur route, et à leur
faire subir l'incertitude d'un jugement qui,
tel favorable qu'il puisse être, ne les dédom-
mage jamais; et en général, on est trop en-
clin à supposer de la bonne foi aux armateurs,
à mettre leur délation hypocrite à la place de
la vérité, pour que le neutre soit sans inquiétude et sans crainte. Qu'on le suive depuis le
moment de sa capture jusqu'à celui du jugement qu'il est obligé de poursuivre en pays
étranger, que l'on considère la perte de
temps, les dépenses, la stagnation de ses
fonds, l'entretien de son équipage, l'inter-
ruption de ses opérations commerciales, et
l'on se convaincra facilement combien il importe aux gouvernemens de mettre un frein
à la cupidité des armateurs, à leurs procédés
arbitraires et vexatoires, et surtout à la longueur des procédures.

§ V.

Pour réduire toute la question à des termes

simples, nous disons que rien ne peut être abandonné à l'opinion arbitraire des armateurs; que leur marche doit être littéralement tracée dans leurs instructions; que, conformément à ces instructions, ils peuvent arrêter tout bâtiment pour en constater le caractère. Qu'ils peuvent également, d'après l'usage, constater, par l'examen des pièces de bord, la nature et la destination du chargement; mais ces deux points étant en règle, que toute recherche ultérieure leur est interdite; qu'elle n'est permise que dans le cas où le chargement consisterait en tout ou en partie en objets prohibés, ou bien lorsqu'il existerait des preuves suffisantes pour constater la fraude; que, hors de ces deux cas, toute visite ou recherche est un acte de violence, un délit contre le droit des gens tant primitif que conventionnel.

Rien sans contredit n'est plus facile à vérifier que la qualité neutre d'un bâtiment, ainsi que celle de sa cargaison, puisqu'il ne s'agit que d'examiner les papiers. Mais le danger existe, je veux dire l'arbitraire, lorsqu'il s'agit de soupçons; parce qu'alors l'opinion prend la place des preuves, et que l'opinion prend la teinte de l'intérêt qu'elle doit favoriser. C'est donc sur cet objet que les états belligérans qui veulent être justes, doivent porter toute leur attention ; et elles ont un moyen de prévenir les abus comme les spoliations qui en résultent, c'est de prescrire à leurs armateurs d'avoir, antérieurement à toute visite, la preuve acquise de la fraude, et de rejeter toutes celles acquises en fouillant le navire et en interrogeant l'équipage. C'est là le seul remède contre les actes arbitraires, et le seul moyen de prévenir les nombreuses plaintes qu'ils occasionnent. En un mot, ce n'est que par de pareilles mesures qu'on peut concilier les droits des neutres avec ceux que la nécessité, vraie ou supposée, attribue aux états belligérans. Si ceux-ci mettent l'arbitraire dans leur jurisprudence, ils doivent du moins en interdire l'usage aux armateurs particuliers.

§ VI.

D'après ce qui vient d'être dit, on voit que le pouvoir accordé aux croiseurs a trois gradations, l'arrestation, la visite ou recherche, et la saisie. La simple arrestation ne présente aucune difficulté, parce qu'elle n'a pour objet

que la reconnaissance du navire neutre et de
son chargement. La visite ou recherche est
subordonnée aux règles que nous avons indiquées. La saisie est une conséquence ou de
l'état du chargement, ou des soupçons tels
que nous les avons caractérisés.

§ VII.

La saisie est le premier acte judiciaire;
elle est suivie de la conduite du navire dans
un port du pays du capteur ; et c'est là qu'on
prononce sur la validité de la prise. Il y a
des auteurs qui confondent mal à propos l'arrestation avec la saisie.

§ VIII.

C'est, je pense, ici le lieu de parler de l'interrogatoire qu'on est dans l'usage de faire
subir au patron et à l'équipage du navire
neutre capturé. Cet usage est-il fondé sur les
principes du droit des gens, sur ceux de la
justice naturelle? L'est-il sur les traités ?

Les interrogatoires sont admis dans la jurisprudence criminelle; mais cette jurisprudence n'est point applicable à la matière des

prises, parce que dans ce dernier cas il n'est point question d'un délit, soit contre la loi naturelle, soit contre l'ordre social ; il ne s'agit que d'un délit politique, savoir, l'infraction faite à une exception qui modifie un droit positif. Je m'explique.

§ IX.

La navigation est libre par sa nature et par l'usage. La politique y a mis des modifications en temps de guerre. Ces modifications sont la loi des neutres comme des états en guerre. Si les neutres la transgressent, ils sont punis par la confiscation ; si l'état en guerre en abuse, il doit un dédommagement. Mais comment constater la transgression ? L'usage, d'accord avec les traités, prescrit l'exhibition des lettres de mer et les certificats de chargement. S'il y a soupçon d'infidélité, il doit être fondé sur des preuves évidentes ; et dans ce cas on autorise la visite ou recherche. Voilà le *nec plus ultrà* des traités ; il n'en est aucun qni autorise les interrogatoires ; les preuves positives, matérielles, sont les seuls moyens qu'ils admettent ; et cette seule circonstance suffit pour proscrire le genre d'inquisition qu'on exerce à l'égard d'un patron comme à l'égard de son équipage. S'il existe des preuves d'infidélité, elles sont l'objet des débats qui doivent précéder le jugement, et non d'un interrogatoire dont on n'admet pas les dénégations, et dont par conséquent on ne doit pas non plus admettre les aveux. Je passe sous silence le danger de soumettre le sort d'un bâtiment aux déclarations de l'équipage et des passagers, déclarations faites à un individu qui n'a aucune qualité pour les exiger. D'ailleurs, les preuves testimoniales sont inadmissibles dans les cas où des preuves positives préexistantes sont requises, et surtout lorsque la loi en vertu de laquelle on agit, ne les établit pas. Si l'on objecte l'usage, on objecte un abus; si l'on cite la jurisprudence criminelle, je réponds qu'elle est fondée sur le texte de la loi, et qu'en matière de prise la loi est muette.

§ X.

Je termine cet article par quelques observations sur les sûretés à donner par le croiseur pour garantie de sa conduite.

Les commandans des vaisseaux de l'état n'en fournissent point, parce que leur souverain est leur garant immédiat ; c'est lui seul qui répond de leurs actions.

Il n'en est point de même de l'armateur particulier. Outre qu'il est étranger au corps de la marine, il arme à ses propres frais et risques, il ne hasarde point sa personne et sa fortune pour le service de l'état ; son unique but est de s'enrichir ; il se met à l'affût pour guetter et saisir les passans : voilà l'essence de ses exploits militaires. On ne peut donc point exiger de lui qu'il soit animé du même esprit que des officiers dont l'honneur, la gloire, le service du souverain sont les seuls aiguillons, et dont l'avancement n'est point la récompense de l'avidité, de l'esprit de rapine et des richesses que peut procurer la course ; en un mot, chaque état a ses principes, son éducation, ses sentimens. C'est par cette raison que l'officier de marine ne donne et ne doit donner de caution pour garant de sa conduite, et que les particuliers qui arment en course sont obligés d'en fournir une.

Cette précaution est de rigueur, et elle doit être de nature à couvrir tous les dommages que l'armateur particulier peut causer à un neutre. Nous ne craignons même pas de dire que dans le cas d'insuffisance, la justice comme la politique imposent aux gouvernemens l'obligation d'y suppléer.

FIN DU PREMIER VOLUME.

www.ingramcontent.com/pod-product-compliance
Lightning Source LLC
LaVergne TN
LVHW011921180726

843502LV00003B/677